美學

What Is Aesthetics ?

是什麼

周 憲◎著

目　錄

開篇絮語

親愛的讀者，此刻，你已經打開了這本小書，開始你的閱讀。在你閱讀開始之前，請允許我先說幾句也許不算是題外的話。

其實，閱讀也是一種對話、一種參與、一種設身處地進入作者寫作情境的旅程。你的到來使我倍感親切，因爲在你的思緒介入之前，這本書或是靜靜地擺放在圖書館的書架上，或是整齊地陳列在書店裏，它們還只是沈默不語的印刷物。你的到來，打開此書，眼睛在白紙黑字間穿梭，一個世界被開啓了。於是，這本小書便被賦予了生命。思想的交流由此展開，毋庸置疑，你的閱讀構成了一場作者與讀者之間的對話。

當然，這並不是通常意義上的對話，因爲你和我並不在同一時空裏，我的寫作時間在你介入的閱讀開始之前就已過去；而你的閱讀時間正是此刻當下。這裏顯然有一個時間的距離。進一步，我是在古城金陵台城腳下的一間書房裏寫作此書的，窗外是一片銀杏樹林和明代古城牆。窗中的風景四季變換，只是古城牆依舊。靜與動、歷史與現實的交織，無形地融會在寫作中。的確，你翻開這本書時，也許在江南，也許在塞北，總之，我們之間有一個空間的距離。雖然時空距離將我們隔開，

無法面對面地傾談，但古人所說的「精鶩八極，心遊萬仞」卻是可能的。即是說，透過這本小書的閱讀，你我想像性地對話，彼此交流想法和體會，這其實也是美學的真諦所在。

所謂美學的真諦，我想說的是美學精神的核心乃是一種平等的對話理想。美學不是頤指氣使的專斷知識，也不是專家權威的自語獨白，從柏拉圖的《對話錄》到《論語》的語錄對話體，這些洋溢美學精神的文本都是對話性的。誠然，對話並不只是體現在面對面的交流形式，更是一種內在的精神和觀念。你的閱讀及你有形或無形的反饋，都構成了真正意義上的對話。

我們對話當然有個話題，要談的是「何為美學」？這個話題聽起來有點大而無當，無邊無際。你知道，當代正處於一個科學知識急劇膨脹的時代，任何一個學科，無論是傳統古老知識，抑或新型科學系統，都不乏鴻篇巨制。在圖書館或書店走一走，高頭講章為數不少。這裏，我們既無那麼多時間閒聊，又無那麼多空間篇幅展開，所以我想「大題小作」不失為上策。於是我拈出一些重要的小題目，分章討論，這種方法既節省時間，又自由活潑，還便於你停下來掩卷靜思，細細琢磨。

英倫作家福斯特有一小說，題為《帶風景的房間》。我覺得這書名挺別緻，似也挺適合本書的情境。此書關於「美學是什麼」的交談，在我看來就是一次對美學風景的瀏覽。「帶風景的房間」一定是一間位置極佳的屋子，打開窗戶可以瞥見不同景觀。這本小書恰似一個「帶風景的房間」，我們是透過這個房間去欣賞美學風景，邊看邊聊。那一個個的小話題，恰似房間裏不同朝向的窗戶，透過這些窗戶，我們瞥見美學風景的不同側面，相信你最終會把這些局部景觀在心裏組合成一個完整的美學圖景。那麼，就讓我們言歸正傳，開始賞析美學的風景吧！

風景 1. 伊斯特惕克

　　（美學的）對象就是廣大的美的領域，說得更精確一點，它的範圍就是藝術，或則毋寧說，就是美的藝術。

　　對於這種對象，「伊斯特惕克」（Aesthetik）這個名稱實在是不完全恰當的，因爲「伊斯特惕克」的比較精確的意義是研究感覺和情感的科學。就是取這個意義，美學在沃爾夫學派之中，才開始成爲一種新的科學，或則毋寧說，哲學的一個部門；在當時德國，人們通常從藝術作品所引起的愉快、驚歎、恐懼、哀憐之類情感去看藝術作品。……我們的這門科學的正當名稱卻是「藝術哲學」，或則更確切一點，「美的藝術的哲學」。

　　　　　　　　　　——黑格爾《美學》（第一卷）

　　走入「帶風景的房間」，推開第一扇窗戶，美學風景的一角呈現出來。我們一邊欣賞美學風景，一邊開始談論眼前所見。

　　美學這個概念，對應的西語是 Aesthetics（音譯「伊斯特惕卡」或「伊斯特惕克」）。漢語中的美學概念，據說是根據日語的翻譯而來的。說到美學，人們的常識理解是美學乃「關於美的學問」。這種常識性的理解沒錯，但又不完全正確。

　　思考和談論伊斯特惕克，從哪裏開始呢？這就等於問，該如何欣賞美學風景呢？

　　中國古典繪畫有一種散點透視的觀念，不同於西方繪畫的焦點透視，古人把這種不斷遊移變動的透視法則概括爲「三遠」法。宋代大畫家郭熙說：「山有三遠：自山下而仰山巔，謂之高遠。自山前而窺山後，謂之深遠。自近山而望遠山，謂之平遠。高遠之色清明，深遠之色重晦，平遠之色有明有晦。」所謂「三遠」，不過是三種觀景的不同方式而已。看山如此，看美學風景恐怕有更多的觀法。

　　一種觀法是順著歷史的線索瀏覽，追根溯源地探尋美學起源，然後將其歷史嬗變一一道來。不消說，這是一種美學史的視野。另一種觀看方式是從美學最基本問題入手，比如從「什麼是美」這個千古難題開始，進而連帶出一系列美學的基本命題和範疇，最終建構起一個美學理論的邏輯體系。顯然，這是一種邏輯的推演和審視。第三種看法是把目光集中在常見的美學現象上，然後由現象進入本質，由具體上升到抽象，步步遞進，深入到美學的勝景。這三種方法各有所長，不妨兼容並包，將三種方法結合起來。俗話說，萬事開頭難。一開始海闊天空地談論宏大歷史或抽象命題，不免雲裏霧裏。那麼，就讓我們從具體的美學現象聊起吧！

作爲生活現象的美學

美學何處尋？美學無處不在。

俗話說，「踏破鐵鞋無覓處，得來全不費功夫。」細細想來，找尋美學頗有些這樣的意味。美學並不是一個像茶杯或桌子那樣的實物，絕非我們尋找便可得之。照此理解，美學究竟在哪裏呢？是在歷代美學家的頭腦裏？還是在圖書館那卷帙浩繁的美學典籍裏？眞可謂「踏破鐵鞋無覓處」。然則，美學又總是呈現在我們的生活中，和我們朝夕相伴，只不過我們未察覺而已。所以，找尋美學又「得來全不費功夫」。

說美學無處不在，無非是說美學並不是高不可攀的玄學奧義。你我也許天天都會遭遇美學，因爲美學觀念和道理就在飲食起居這樣普通的生活現象中。往大處說，美學乃是關於我們生活中諸多審美現象的哲學思考；往小處講，這些思考和我們的生活現象關係密切。也許你有過登臨泰山的體驗，在「一覽眾山小」的磅礡豪氣中，你感悟到大自然的偉岸和崇高。也許，你深夜靜讀魯迅的小說，意緒萬千，浮想聯翩，眞正動情了。也許，你親手製作了一件家具，那造型和結構體現出自己的風格和趣味。顯然，這已在不知不覺中步入美學了。

一俟說到美學，最容易讓人聯想到的就是「美」。從人體的美到服飾的美，從家居裝飾到城市建設，美作爲常見的現象和人的一種潛在的追求，總是這樣那樣地制約著人們。馬克思曾提出，人和動物不同，因爲「人也是按照美的規律來塑造物體」[1]。在馬克思看來，動物無法擺脫「直接的肉體需要的支配」來

生產,因而天鵝和鴕鳥各有各的生活範圍和方式,其物種的特定性是預先規定好的,其生存方式是局限的。人則不同,他是超越性的,因而可以擺脫直接的肉體需要來生產,這就導致了人可以按照任何物種的尺度來生產。於是,美作為人類生活的一種追求便應運而生。所以人們常說:愛美之心,人皆有之。

　　既然美是生活中的常見現象,那麼,何謂美呢?

　　我們回到兩千多年前的古希臘,去尋覓美的觀念是如何萌芽的。在希臘,美是一種理想,一種神聖的、不可企及的典範,引導著希臘人的生活。美學史上普遍認為,希臘人是西方最早發現美的民族,以至於德國藝術史家溫克爾曼坦言:現在廣泛流傳的美的高雅趣味,最初是在希臘的天空下形成的,據說,「米涅瓦神由於這塊土地四季溫和而先於其他各地把它提供給希臘人作為生息之地,以利鍾靈毓秀」[2]。斯巴達的男青年從小接受格鬥和游泳訓練,形體的美是人們的普遍追求;隆重的奧林匹克運動會成了展示健美體型和堅強意志的盛會。歷史地看,也許是希臘人最先發現了人體美並大加讚美。他們不但樂於展示自己的身體,而且被要求學習繪畫,以便學會敏銳地觀察和判斷人體美。偉大的哲學家蘇格拉底經常前往競技學校,向青年人教授如何塑造並欣賞人體的美,而偉大的藝術家菲狄亞斯則記錄下美的瞬間,將它們表現在藝術作品中。所以溫克爾曼寫道:「任何別的民族都沒有像希臘人那樣使美享受如此的榮譽。因此,在希臘人那裏,凡是可以提高美的東西沒有一點被隱藏起來,藝術家天天耳聞目見,美甚至成為一種功勳。」[3]

　　希臘人在追求美的道路上,不但忠實地模仿美的形象,而且為了追求美的典範性,不惜以理想的美來塑造自己,要求藝

術。藝術史家發現一個有趣的現象，希臘的雕像有一個共同的特點，前額和鼻子幾乎形成一條半直的線型，這種理想的塑型旨在體現出希臘人所認為的理想之美，它超越了一切世俗的美。據傳，偉大的藝術家宙克西斯就曾要求，如若描繪海倫的美，必須要集希臘美女美之總和，因此，海倫的美絕非個別的美，而是普遍的美和絕對的美。所以我們看到，希臘雕塑中女神的美總是那樣高貴而完滿，神聖而不可企及。溫克爾曼把希臘雕塑的美學風格精闢地描述為「高貴的單純和靜穆的偉大」。米洛的維納斯便是這種理想的美的典範。

　　從宙克西斯生活的年代到今天，斗轉星移，兩千多年過去了，人們關於美的看法是否發生了變化呢？今天，在我們的日常生活中，從影視到廣告，從模特兒大賽到美容瘦身，人們追求和表現美的衝動可謂有增無減。我們不妨追問一句，人們是如何來判斷人的形體或面容的美的？其中有無什麼標準和規範？如果有，和希臘人的觀念有什麼區別呢？當我們力圖回答這些問題時，就已經深入到美學中去了。

　　雖然人們常說「蘿蔔青菜人各有愛」，美與不美完全在於個人的趣味。這話雖然有理，但關於美的判斷顯然又存在著共同性。美的事物和形象帶有普遍性，否則，人們便不會去狂熱地追索它了。這表明，人皆有之的愛美之心是有規律可循的。儘管柏拉圖早就預言「美是難的」，但關於美之謎的探索幾千年來從未停止過。最近美國心理學家所做的一項經驗研究很有趣，似乎在相當程度上證實了希臘人美的觀念。

　　美國德克薩斯州大學（奧斯汀分校）心理學教授朗洛伊絲，自八○年代末以來，孜孜不倦地探問一個難題：人們如何判斷美的？她研究的經驗材料非常普通，就是人的臉。而她的

探問集中在兩個問題上：什麼樣的人臉才是美的？吸引嬰兒和成人注意力的美是否一樣？自古以來，人們已經創造了許多關於美的神話，它們演變成各種流行的觀念，比如美只在人的心裏，美因人、種族和文化而異，美的標準隨時代不同而發生變化，美是人的第一印象，美的標準是透過媒介反覆呈示而習得的，等等。這些在常識上被視為理所當然的美的「神話」可靠嗎？朗洛伊絲對此表示懷疑。於是，她就把目光轉向什麼樣的人臉是美的這樣一個平常的問題。

　　她充分利用電腦圖像合成技術，隨機選擇了該大學九十六位男生和九十六位女生的照片，將這些照片各分成三組，每組三十二張。把這些男女學生的照片輸入電腦後，用一種特殊的電腦程式將這些照片在五個算術級數上合成，即分別用兩張、四張、八張、十六張和三十二張照片合成一張人像。她想知道的是，合成前後以及不同的算術級數的圖像之間在美的程度上有何不同。更進一步，她邀請三百人對這些合成的圖像美的程度進行評級打分。經過統計，結果令人驚奇：算術級數越高的合成圖像，便越具有吸引力，也就越美。在男性合成圖像中，十六張照片的合成的圖像被評價最高，而在女性的合成圖像中，三十二張照片的合成人像評分最高。十六張照片的合成人像往往被認為是比較美的，而八張照片以下的合成圖像美的程度就不那麼明顯了（見圖1-1）。

　　這個試驗表明，人們視覺上普遍認為的人臉的美，實際上是一種常規狀態或常模，它集合了人的諸多特徵而具有某種普遍性。只要比較一下圖1-1和圖1-2，便可發現其中的奧秘。圖1-1是經過合成的人像，而圖1-2則是參與合成的具體生動的個體圖像，兩者的區別就在於前者趨近一種常模和平均值，後者

4-FACE COMPOSITE
 8-FACE COMPOSITE
 16-FACE COMPOSITE
 32-FACE COMPOSITE

圖1-1　電腦合成的白人女性頭像
左上為四像合成，右上為八像合成，
左下為十六像合成，右下為三十二像合成。

圖1-2　兩張參與合成圖像的學生照片
她們是個性化的和獨特的，可與圖1-1比較。

則是千變萬化、各具個性的。這一結果似乎證實了希臘關於美的理想模式的觀念。既然海倫的美不是具體個別的美，而是一種集諸美女之大成的理想美，那麼今天用科學的語言來說，正是一種平均狀態或常模。「我們和研究同仁已用簡潔明瞭的術語界定了人臉的美——具有吸引力的人臉乃是接近於人臉總數的平均狀態。」[4]一般人們認為，漂亮的臉應是對稱的、年輕的和

微笑的，但朗洛伊絲教授發現，這些並不是美的必要條件。人臉的美關鍵在於是否趨近於一種平均狀態或平均數（averageness），一種臉的常模。這才是吸引人們視覺注意力從而構成美的唯一因素，沒有它，即使年輕、對稱和表情宜人，也不可能構成美的吸引力，因而也就談不上美了[5]。

在此基礎上，朗洛伊絲教授進一步發現。她把經常在媒體上亮相的模特兒的臉與經過合成的人臉進行比較，經過電腦分析得出一個結論：大凡被認為漂亮的臉往往非常接近三十二張照片合成的人像。這就是說，在日常生活中被人們視為美的人臉往往接近平均數，接近常模。

如果說美是一種平均值或常模的話，那麼，朗洛伊絲教授深入思考的問題是，成人對美的判斷與嬰兒是否相同？這個問題所引發的美學問題是，在日常生活中，我們的審美判斷受制於文化的薰陶和影響，不同的文化境況決定了不同的審美觀。美學上的一句諺語是「趣味無爭辯」，說的是個人審美偏愛的合理性。一般美學理論主張，審美觀念的形成完全是一個社會化的過程，是一種社會習得的過程，美與不美的觀念不是與生俱來的。那麼，尚未受到文化影響的嬰兒在審美判斷上會有如何表現呢？他們是否與成人相同？這種對比研究有助於說明審美判斷的複雜性。

為了搞清這個問題的答案，朗洛伊絲把問題的焦點設置為：嬰兒與成人對美的人像是否有判斷的一致性？這項研究的結果耐人尋味，無論實驗者使用的是白人或黑人圖像，或成人或兒童的圖像，三至六個月的嬰兒都明顯體現出一個明顯的傾向，那就是成人通常認為美的人像，對嬰兒也具有同樣的吸引力。實驗中發現，嬰兒喜歡凝視美的人像，而不願注視缺乏吸

引力的人像，他們注視前者的時間遠多於後者。這個發現帶來了新的疑問：嬰兒所表現出的視覺偏愛是否延伸到嬰兒的其他行為上？於是，朗洛伊絲請一個專業面具師製作了美的和醜的兩副面具，以陌生人的面目出現在六十個一歲大的嬰兒面前。結果顯示，對美的人臉的視覺偏愛擴展到了嬰兒的其他行為差異上，比如嬰兒更喜歡接近漂亮的陌生人，愛和這些人嬉戲玩耍，但卻不喜歡接近缺乏吸引力的陌生人[6]。

僅就人臉的美或視覺吸引力，竟然引出如此多的複雜美學問題，也許會增加你對美學的興趣和思考。確實，我們每天都會遇到許許多多不同的人，他們的長相、表情、姿態和形體不可避免地進入我們的視覺，我們也會對這些視覺形象作出自覺或不自覺的判斷。其中就蘊含了大量的美學問題和原理，只不過我們對此尚未自覺而已。誠然，朗洛伊絲教授的研究並不是無懈可擊的定論，尚有不少問題值得進一步探究。但是，這裏已經透露出作為生活現象的美學真是無處不在。美學的風景其實不必非要到美術館和音樂廳裏才能看見，它就在我們生活的周遭環境裏。如果你多一點美學知識修養，那就會更加自覺地體驗和反省這些生活現象了。

從日常生活現象入手，便可以進入美學理論的思考了。以上實驗所引發的美學問題，已經脫離了人們常識，進入了更加抽象的哲學思辨。比如，這個實驗隱含的問題之一是，如果美就是某種的平均數或平均狀態，這與傳統美學的「美即典型」的命題是否有關？它與個性化和獨特性關係如何呢？另一個問題是，是否真的存在著超越種族、文化甚至歷史的美的普遍標準？對美的判斷力有先天的原因嗎？看來，美學其實並不那樣高深莫測，美學的思索就在我們的日常生活實踐之中。

　　假如你進入藝術領域，便會遇到更多的美學問題。勞作之餘，你沈醉在唐詩、宋詞的意境裏，體會《紅樓夢》中大觀園裏的各式人物的命運，爲《雷雨》那驚心動魄的矛盾衝突所震撼，流連於《蘭亭序》那雋永優美的形式感中，這已是進入一個純粹的審美世界了。那裏的美學問題一個接著一個。假設一個音樂會的情境，人們是如何理解音樂的？不同的人在不同的心態下去聆聽同一首樂曲，比如蕭邦的《夜曲》，或是維瓦第的《四季》，會有什麼不同結果呢？美學研究發現，一個人聽音樂的特殊心境甚至情緒狀態，會深刻地影響到他對音樂的理解和記憶。比如，一個失業的或倒運的人，與一對處在熱戀中的情侶去聆聽同一首樂曲，效果全然不同。這對戀人雖然並不通音樂，但是此時的情緒狀態足以使他們感到「這是所聽過的最好的樂曲」，因爲當下的情緒狀態影響了他們對作品的感知；相反，一個由於失業而情緒低落的人，在聽了這同一首樂曲之後，則往往對樂曲沒有什麼印象，甚至會認爲這首樂曲一無是處。爲什麼同一樂曲會有如此之大的差異呢？這就涉及到美學的諸多問題了。

　　至此，你可以進入了美學的風景深處去打探究竟了。

作爲學科知識的美學

　　雖然說美學無處不在，我們日常生活中蘊含這複雜的美學現象和美學問題，但這些好像還不是美學自身。當你系統地觀察這些現象，抽象地思考這些問題時，美學便作爲一種知識呈現出來了。「美學」是個偏正詞組，「美」是修飾「學」。

「學」，亦即「學問」、「學說」也。從語義上說，美學似乎就是關於「美」的「學問」，就像生物學是關於生物的學問，教育學是關於教育的學問一樣，它是一種學問，一個學科的知識系統。

假如你到圖書館裏借閱美學書籍，首先要查詢美學書屬於哪個分類號，否則便是在大海撈針了。科學發展到今天，各門知識不但自身系統化了，而且整個人類知識系統也都系統化了。恰似旅遊要有地圖，航海要有航線圖一樣，求索美學也必須考察它所屬的位置和性質。既然它是一門學問知識，那麼，瞭解美學就要搞清它在人類知識體系中的分類學意義上的位置。

知識的進步不僅體現為知識觀念的更新發展，還體現為知識本身的系統化和分類細化。人類知識在古代並未呈現出具體區分的特徵，在原始文化中，宗教的、哲學的、美學的、醫學的、技術的種種知識混雜在原始宗教之中。知識的發展在某種程度上就呈現為不斷的分化，今天這種分化已是到了令人吃驚的地步。小學裏有語文、數學之分，中學有語、數、外、理、化、生的分科，到了大學，專業和系科區分更是具體、專門和細微。要瞭解美學千萬不能跑錯了門兒。那麼，美學在人類知識分類系統中位置何在？要說清這個問題，又得回答美學在歷史上是怎樣出現的問題。一旦觸及這個問題，我們對美學風景的欣賞也就進入了歷史的透視。

就讓我們那目光轉向十八世紀中葉的德國，因為那個時刻對美學來說，可謂是一個關鍵時期。

一七三五年，一位年輕而又名不見經傳的哲學家鮑姆加通寫了一本題為《詩的哲學沈思錄》的書。類似書名的著作在歷

史上汗牛充棟，但你可千萬別小看這本書，因爲在這本書裏，
鮑姆加通首次提出了一個重要想法，那就是古典哲學一股腦兒
地只關心理性和可理解的事物，幾乎完全忽略了感性和可感知
的事物。於是，他提出了建立一個新的哲學分支——「感性學」
——的大膽設想。照他的看法，「感性學」就是「詩的哲學」，
它涉及的是「可感知的事物」，而非「可理解的事物」。「一般
詩的藝術可以定義爲一種有關感性表象的完善表現的科學。」[7]
隨著鮑姆加通的這一想法日趨成熟，他於一七五○年出版了一
部重要著作《美學》（伊斯特惕克）。從哲學史的角度來看，這
部著作並無顯赫的地位。相對於那些影響久遠的哲學大師來
說，鮑姆加通也算不上什麼重要人物。然而，這一年以及這一
本著作對於美學來說，意義卻非同尋常。就是這位名不見經傳
的哲學家，後來卻以「美學之父」的名望而蜚聲美學史。因爲
他第一次爲美學正名，劃定了美學的邊界，爲面目不清、位置
模糊的這一學科奠定了堅實的根基。英國哲學家鮑桑葵描述了
這一事件的歷史意義：

　　　鮑姆加通在「伊斯特惕克」（aesthetics）的名目下這樣
　　創始了一門新學問，非常富於特色地關心美的理論，以致
　　傳到後人手中，「伊斯特惕克」一詞就成爲美的哲學的公
　　認的名稱。[8]

　　凡事都得名正言順，沒有自己的名稱而寄人籬下，系統的
知識就得不到發展。如果說這以前美學思考一直處於一種無家
可歸的狀態的話，那麼，鮑姆加通的命名無疑爲這門學科的
「自身合法化」奠定了堅實的根據，從此，美學可以揚帆遠航
了。

十八世紀的古典哲學，流行的是理性主義觀念，那時的哲學家只關注邏輯的分析的知識及其認識方式，比如科學研究或哲學思考中的理性思維和邏輯推理，而許多感性的認識就被排除在哲學的視野之外。閱讀一首詩，聆聽一首樂曲，觀賞一片自然風景，你也許並不能獲得明晰的結果，只有一個朦朧模糊的印象，但卻印象深刻。這種體會和感受，用中國的一句老話來說，就是「只可意會，不可言傳」。按照理性主義的觀念，人的認識機能分為高級和低級兩個部分，前者叫思維，後者是感覺；前者是明晰的、完善的，而後者則是朦朧的、不完善的。在古典哲學家看來，認識真理的唯一途徑是理性思維而非感性認識。於是，感性的認識方式便被冷落了。鮑姆加通則另有考慮，他的想法是，感性的朦朧的認識並非是混亂的和不完善的，它也有自身的完善，這種完善就是美。所以他寫道：「美學的目的是感性認識本身的完善（完善的感性認識），而這完善就是美。」在此基礎上，他為美學做了第一次明確的規定：「美學作為自由藝術的理論、低級認識論、美的思維的藝術和與理性類似的思維的藝術是感性認識的科學。」[9]

這是歷史上第一個關於美學的明確定義。它就好比聚光燈射出的一束光，照亮了並聚焦於過去模糊不清的一個知識領域；它又像是測量儀，為邊界不明的美學思考厘定了疆界和範圍；它更像是知識殿堂裏的一次宣判，給出了一門學科合法存在的根據，以往被理性主義者所蔑視的感性認識如今被攝入了哲學的視野，儘管過去的哲學家就已經注意到這些現象了，但現在則可以在一個學科的名目下系統地加以探討了。在鮑姆加通開創性的工作中，有兩個要點必須強調：第一，美學定名之初就是放在哲學門下，屬於哲學的一部分。這個定位決定了美

學的學科性質和所屬門類。第二，美學的定名又把藝術和美作爲核心，換言之，在鮑姆加通看來，美學是研究藝術中作爲感性認識完善的美。於是美學和藝術結下了不解之緣。

> ## 小資料：美學
>
> 　　美學是哲學的一個分支，它關注的是美和趣味的理解，以及對藝術、文學和風格的鑑賞。它要回答的問題是：美或醜是內在於所考察的對象之中呢？還是在欣賞者的眼裏？在其他一些事物中，美學也力圖分析討論這些問題時所使用的概念和論點，考察心靈的審美狀態，評價作爲審美陳述的那些對象。
>
> 　　　　　　——《牛津英語指南》(麥克阿瑟出版公司，1993年版)

　　鮑姆加通的貢獻表面上只是爲美學命名，更重要的是他提出了哲學是由邏輯學、倫理學和美學三大組成部分構成的，但是，這個格局的完善則是由另一位偉大的哲學家康德完成的。康德這位哲學上「哥白尼式革命」的創新者，在相當程度上秉承了鮑姆加通的遺產。他爲自己的哲學體系提出了三大任務：第一是自然秩序的論證，第二是道德秩序的論證，第三是前兩者協調關係的論證。這就構成了他著名的「三大批判」：純粹理性批判、實踐理性批判和判斷力批判。這三大批判聚焦於人的三種基本心智慧力和判斷原則：純粹理性是關於人的思想及其認識原則的，實踐理性則是有關人的意志及其道德原則的，而判斷力卻和人的情感及其情感原則關係密切。康德的門徒德國哲學家文德爾班這樣描述了康德學說：

　　　　在康德那裏從這裏便產生了系統研究的理性功能的任務，以便確定理性原則並檢驗這些原則的有效性。……正如在心理活動中表現形式區分為思想、意志和情感，同樣理性批判必然要遵循既定的分法，分別檢驗認識原則、倫理原則和情感原則……據此，康德學說分為理論、實踐和審美三部分，他的主要著作為純粹理性、實踐理性和判斷力三個批判。[10]

　　如果我們簡化一下康德的理論體系、哲學內容及其美學的位置，大致可以作如下圖式：

哲學 {
邏輯學——純粹理性——思想——眞
倫理學——實踐理性——意志——善
美　學——判　斷　力——情感——美
}

　　簡單地說，古典哲學是由三大部分構成的，第一是邏輯學或認識論，它關心的是理性認識何以可能的問題，核心問題是知識、思想和眞；而倫理學則關注實踐理性，探討的是意志問題和善，美學則被規定在判斷力的研究，它是關乎人的情感問題的，與美相關聯。康德所完成的這種古典哲學的三元結構，即認識論（或邏輯學）／知／眞、倫理學／意／善和美學／情／美的三分法，一直延續到現代哲學的建構。比如，在當代德國哲學家哈伯瑪斯那裏，這種三分的結構更加明確地結合現代性問題而被凸顯出來。在他看來，現代性的展開過程其實就是這三個領域不斷分化的過程。科學是關於人的認知—工具理性結構的，而倫理學則是關於人的道德—實踐理性結構的，與前兩者不同，美學所涉及的是人類特殊的審美—表現理性，它們

分別歸結於眞理、正義和美這樣的範疇之下[11]。

> **小資料：哲學**
>
> 　　哲學希臘文的意思是「愛智」，就是在探索實在的眞理和本性，尤其是事物的原因和性質，以及決定存在、感知、人類行爲和物質世界的那些原理。哲學活動的目的也可以是對概念、方法和其他學科的信念的理解與清理，或是推理本身、概念、方法，以及諸如眞理、可能性、知識（認識論）、必要性、存在（本體論和形而上學）以及證明等這類一般概念的信念。
>
> ──《牛津平裝百科全書》（牛津大學出版社，1998 年版）

　　聊到這裏，我們可以暫時得出一個結論性的看法，美學創建於十八世紀中葉，它從一開始就屬於哲學的一個分支，它與邏輯學（或認識論）和倫理學三足鼎立。這個定位明確了美學的學科性質，如果我們去圖書館查閱美學書籍，那麼，在哲學類的圖書代碼裏總有一個美學的子目錄。

　　美學是哲學的一個分支，但如果我們從更加廣闊的視野來審視，在人類整個知識系統中，美學及其所屬的哲學又如何定位呢？這是一個更大的問題，需要在更廣闊的視野中來考察。

　　人類的知識是一個完整的系統，粗略說來，我們大約可以把這個龐大的包羅萬象的知識系統，概括爲由三類學科所構成。首先是自然科學，它又包括基礎科學和技術科學，前者如物理學、化學或數學，後者如電腦科學、工程學、建築學等；其次是社會科學，諸如人類學、經濟學、法學、政治學、社會

學等；最後一類是人文科學，諸如文學、語言、史學、哲學和藝術等。自然科學是透過科學的觀察和分類的方法來探索自然現象的各門學科的總稱，它是研究存在的物質層面的系統知識；而社會科學則是研究人類行為的科學，它關心的是人類的社會結構、過程和組織，帶有明顯的經驗性和應用性。較之於自然科學和社會科學，人文科學則屬於另一種類型，它的歷史最悠久，是最古老的學科。人文科學在西方多稱為人文學科。從詞源學上說，在西文中，人文學科這個詞是和「人性」、「人文主義」等概念密切相關的。有西方學者指出，人文學科這個概念在古代是指一切把人性和獸性區別開來的東西，亦即通常所說的「文明價值」或「文化」。在現在通常的用法中，人文學科（humanities）有兩種基本含義：第一，它是指文學、語言、哲學、藝術及其研究，它明顯區別於自然科學和社會科學；第二，它是指古典語言和古典文學[12]。更確定的解釋是，人文學科是一個區別於社會科學和自然科學的概念，具體是指文學、語言、哲學、歷史、造型藝術、神學和音樂[13]。

　　如果說哲學屬於人文學科，那麼很顯然，美學屬於哲學，所以美學當然也就屬於人文學科。換一種否定性的陳述，美學不屬於自然科學，也不屬於社會科學，所以，美學只能是人文學科的一部分。更具體地說，美學是人文學科中哲學的一部分。這樣，我們便可以用一個簡單的圖式來說明美學在人類知識系統中的位置。

$$\text{知識系統} \begin{cases} \text{人文科學} \\ \text{(人文學科)} \begin{cases} \text{文學藝術} \\ \text{哲學（認識論、倫理學、美學等）} \\ \text{歷史} \end{cases} \\ \text{社會科學（人類學、經濟學、政治學、社會} \\ \qquad\qquad\text{學等）} \\ \text{自然科學（物理學、化學、數學等）} \end{cases}$$

小資料：人文學科

　　在中世紀的教育中，人文學科（拉丁語是「與人的研究有關」）是指古典知識、哲學和當代文學。在這個語境中，「人文的」是指「與人的研究有關」。所以要研究古典知識，那是因為人們認為古典知識可以闡明絕大多數最佳的世俗知識；所以要研究哲學，那是因為哲學揭示了人是如何進行思考的，揭示他們思考會有什麼最高尚的成果；所以要研究當代文學，是因為它揭示了那個時代的「最佳」智慧在思索什麼。這些研究被認為是為人們進入生活作準備，或者假如說他不得不進入某個職業，這些研究有助於他的心智適應軍隊、外交或政府工作（這些工作並不需要進一步的研究），或是適應某些需要繼續深造的特殊工作，諸如法律或教會等。從中世紀後期奠基到二十世紀中葉，人文學科在歐洲的多數大學裏被廣泛地視為某種研究課程。

　　——《布魯斯伯里人類思想指南》（布魯斯伯里出版公司，

1993 出版）

至此，我們可以推理出另一個結論，美學屬於哲學，而哲學屬於人文學科，因此，美學也屬於人文學科。這個結論有助於我們理解美學的性質和特徵。

以上我們只是追溯了美學學科的歷史，但美學學科的歷史並不等於美學思想的歷史。更進一步，美學學科十八世紀中葉在西方哲學系統中確立起來，這並不等於說美學只是到了十八世紀才存在，也不等於說美學只存在於西方哲學中。作為一門學科，美學的歷史只有兩百五十年，但美學的思考古已有之。無論是中國的春秋戰國時代，還是西方的古希臘時期，美學思想都已相當活躍和漸臻成熟。這些思想資源即使今天也仍是重要的美學文獻和寶貴資源。哲學家懷德海曾誇張地說，西方哲學兩千五百年的歷史不過是柏拉圖哲學的一個註腳。這清楚地說明古代美學思想的重要性。

美學思想源遠流長，而美學學科卻是一個「近代事件」，基於這一事實，美學的歷史實際上有兩層含義，廣義的美學史是指美學思想的歷史，它源遠流長；狹義的美學史是指美學學科建立的歷史，它歷史短暫。恰如天文學的建立是一個現代事件，而天文學的觀測和探問早已存在一樣。區分美學思考的歷史和美學學科的歷史，對於我們認識美學的過去大有裨益，它賦予我們一種細緻而深刻的歷史意識。

翻開人類文明的史冊，美學的思考對人類社會和人自身的塑造具有不可或缺的重要性。在原始時代，美學的思考寄生在原始宗教的玄思之中；在古典時代，各種文明漸臻成熟，美學扮演了塑造民族文化精神的重要功能；在現代化的進程中，技術的高度發達導致了工具理性在日常生活中的霸權，美學則擔當了反思現代性和恢復感性的作用。從某種意義上說，美學不

但是一門學科、一種知識，也是一種關於社會、文化、歷史和
人生的哲學思考，所以它也是一種生存的智慧。

註 釋

[1]馬克思，《一八四四年經濟學—哲學手稿》，人民出版社，1979年版，第51頁。

[2]溫克爾曼，〈關於在繪畫和雕刻中模仿希臘作品的一些見解〉，載《世界藝術與美學》第一輯，文化藝術出版社，1983年版，第199頁。

[3]溫克爾曼，〈論希臘人的藝術〉，載《世界藝術與美學》第一輯，文化藝術出版社，1983年版，第306頁。

[4]Langlois, J. H., & Musselman, L. (1995). "The Myths and Mysteries of Beauty." In D. R. Calhoun (ed.), *1996 Yearbook of Science and the Future*. Chicago: Encyclopaedia Britannica, Inc., p.55.

[5]Langlois, J. H., & Roggman, L. A. (1990). "Attractive Faces Are Only Average." *Psychological Science* (1), pp.115-121.

[6]Langlois, J. H., Roggman, L. A., Rieser-Danner, L. A.(1990). "Infants' Differential Social Responses to Attractive and Unattractive Faces." *Developmental Psychology* (26), pp.153-159.

[7]鮑姆加通，《美學》，文化藝術出版社，1987年版，第169頁。

[8]鮑桑葵，《美學史》，商務印書館，1985年版，第239頁。

[9]鮑姆加通，《美學》，文化藝術出版社，1987年版，第18、13頁。

[10]文德爾班，《哲學史教程》，商務印書館，1993年版，第732-733頁。

[11]哈伯瑪斯，〈論現代性〉，載王岳川等編，《後現代主義文化與美學》，北京大學出版社，1992年版，第16-17頁。

[12]*Webster's College Dictionary*, New York: Random House, 1996, p.654.

[13]*The Fontana Dictionary of Modern Thought*, London: Fontana, 1982, p.292.

關鍵詞

美學　哲學　人文學科　眞、善、美　知、情、意

風景 2. 芙蓉出水與錯彩鏤金

　　中國藝術意境的創成，既須得屈原的纏綿悱惻，又須得莊子的超曠空靈。纏綿悱惻，才能一往情深，深入萬物的核心，所謂「得其環中」。超曠空靈，才能如鏡中花，水中月，羚羊掛角，無跡可尋，所謂「超以象外」。色即是空，空即是色，色不異空，空不異色，這不但是盛唐人的詩境，也是宋元人的畫境。

　　　　　　　　　　——宗白華《美學散步》

此刻，我們打開另一扇窗戶，瞥見美學風景的另一面——中國古典美學。

那景象博大精深，變化繁複。往近處看，中國美學文化的獨特風韻凸現眼前，各種藝術魅力無限；望遠處看，漫長的歷史輝煌久遠，不同時代的景觀一幕幕閃現。李澤厚深情地寫道：「那人面含魚的彩陶盆，那古色斑斕的青銅器，那琳琅滿目的漢代工藝品，那秀骨清像的北朝雕塑，那筆走龍蛇的晉唐書法，那道不盡、說不完的宋元山水畫，還有那些著名的詩人作家們屈原、陶潛、李白、杜甫、曹雪芹……的想像畫像，他們展示的不正是可以使你直接感觸到的這個文明古國的心靈歷史麼？時代精神的火花在這裏凝凍、積澱下來，傳留和感染著人們的思想、情感、觀念、意緒，經常使人一唱三歎，流連不已。」[1]

其實，我們對自己的傳統並不陌生，但問題在於，對自己所熟悉的東西卻並不一定有所思考。恰如哲人所言，最熟悉的東西往往是最缺乏思考的。所謂見慣不驚嘛！或許，我們應以一種陌生的眼光來審視自己的歷史。

現在，就啟動你的想像力和理解力，去觸摸中國傳統美學的脈搏吧！

從兩個「轉向」說起

中國美學史的理論資源極其豐富，激發你好奇心的問題委實不少。只要你留意，定會發現，美學思想的博大歷史中，奇妙玄奧的問題俯拾即是。

　　比如，爲什麼東晉大畫家顧愷之畫人數年不點目精？他的理由是「傳神寫照正在阿堵（眼睛）中」。爲什麼唐代書法人家張旭見公孫大娘舞劍後，悟得筆法，書藝大進？爲什麼庖丁解牛，「以神遇而不以目視，官知止而神欲行」，「合於桑林之舞，乃中經首之會」？爲什麼老子故作玄虛地說「大音希聲」、「大象無形」？這樣的謎可以羅列無數。

　　此處，我想從兩個頗費思量的「轉向」說起。

　　《韓非子》中記載了一個有趣的故事：「客有爲齊王畫者。齊王問曰：畫孰最難者？曰：犬馬最難。孰最易者？曰：鬼魅最易。夫犬馬，人所知也。且暮罄于前，不可類之，故難。鬼魅無形者，不罄于前，故易之也。」這就是說，我們司空見慣的東西不好畫，因爲大家都知道畫得好不好。只要那畫和自己所熟悉的事物稍加比較便可得知。反之，從未見過的鬼魅則容易畫，因爲不必逼眞摹寫。照理說，難畫的東西自然顯出畫家功力，應被視爲畫家追求的目標。但有趣的是，中國美學不這麼看。徐復觀先生注意到，魏晉以前常有人引用這一典故，而魏晉以後不再。這是爲什麼？他的解釋是魏晉以來，中國繪畫觀念驟變，寫實和形似不再被尊崇，莊子美學思想所開啓的「傳神」觀念，成爲中國繪畫安身立命的根基[2]。所以，中國繪畫和西方繪畫大相逕庭。唯其如此，清代畫家鄒一桂在目睹了西方寫實繪畫後發出如下感歎：「西洋人善勾股法，故其繪畫於陰陽遠近不差錙黍。所畫人物屋樹皆有日影。其所謂顏色與筆，與中華絕異。步影由闊而狹，以三角量之。畫宮于牆壁，令人幾欲走進。學者能參用一二，亦其醒法。但筆法全無，雖工亦匠，故不入畫品。」[3]看來，中國畫家並不追求逼眞寫實的描繪，而更加強調筆法中透露出畫家的個性氣質。所以蘇東坡

詩云:「論畫以形似,見與兒童鄰。」這種觀念不僅反映在造型藝術中,甚至深蘊在中國的一切藝術形態中,成為中國古典美學的一個重要特徵。

倘使說上述歷史昭示了中國藝術所走的獨特道路的話,那麼,另一個相關的問題接踵而至,它是由宗白華先生提出的。他發現,中國美學史上有兩種美,一曰「芙蓉出水」的美,一曰「錯彩鏤金」的美。如果說魏晉以前兩者勢均力敵的話,魏晉以後出現了深刻的「轉向」,「從這個時候起,中國人的美感走到了一個新的方面,表現出一種新的美的境界。那就是認為『初發芙蓉』比之『錯彩鏤金』是一種更高的美的境界。」[4]從兩種美並駕齊驅,到將其中一種美視為更高境界,這個轉變也是非常深刻的。回顧中國藝術的獨特面貌,追溯中國美學的特異觀念,甚至考察我們民族性格的許多特徵,都不得不聯繫到這一「轉向」。

兩個「轉向」也許本無關聯,不過引起我們關注的是它們都發生在魏晉時期。一個是崇尚神似韻味而輕視形似寫真,一個是從崇尚「初發芙蓉」而不再留戀「錯彩鏤金」,兩者均以魏晉為分野。難怪美學史上通常說魏晉是中國藝術自覺的時代。也許我們可以認為,重寫意而輕寫實,重「初發芙蓉」而輕「錯彩鏤金」,兩者合流深刻地塑造了中國藝術的獨特形態,進而締造和完善了中國美學的基本觀念。

要搞清這些轉變,還必須深入到中國文化的源頭上去尋找根據。

南北文化與儒道互補

　　越來越多的考古發現和人類學研究表明，我們文明的源頭是複雜的。有一種看法認為，我們文明的源頭大致有三個分支，分屬於不同的地域和集團。第一支是炎黃集團，以炎帝和黃帝為代表。它起源於陝甘黃土高原，後來順黃河東進，分布在華北一帶，成為後來華夏族的祖先。第二支是風偃集團，是太嗥（風姓）、少嗥的後裔，散布在淮、泗、河、洛等東方平原，蚩尤出焉，後成為東夷諸族的祖先。第三支是苗蠻集團，屬南方民族，居住在洞庭湖、鄱陽湖之間。如果我們把這一理論與中國文化的地域劃分和特徵結合起來考慮，也許對解析中國古典美學觀念的歷史成因有所助益。

　　我們經常聽到中國文化的南北差異問題，不僅風俗習慣不同，甚至審美觀念亦有差異。林語堂曾風趣地談論過南方人與北方人的差別。北方人身材高大，性格熱情幽默，他們是自然之子；南方人勤於修養，頭腦發達，身體退化，喜愛詩歌。粗獷豪放的北方，溫柔和婉的南方，各自的特點在語言、音樂和詩歌中可以看到，比如陝西的秦腔和蘇州的評彈，可謂天壤之別[5]。中國繪畫史上有所謂「南北宗」。南宗畫派以「天真自然」為主，即追求所謂「淡」的風格，王維乃南宗代表；北宗畫派以「著色自然」為目標，崇尚「精」，李思訓為其典範。不但繪畫有南北不同，文學亦是如此。劉師培的「南北文學不同論」頗有影響。他認為，南北地域自然環境迥異，人文氛圍不同，語音亦有所不同，進而導致了南北文學的差異：

　　聲音既殊，故南方之文亦與北方迥別。大抵北方之
地，土厚水深，民生其間，多尚實際；南方之地水勢浩
洋，民生其間，多尚虛無。民尚實際，故所著之文不外記
事、析理二端；民尚虛無，故所作之文或為言志、抒情之
體。……春秋以降，諸子並興。然荀卿、呂不韋之書最為
平實，剛志決理，輒斷以為紀，其原出於古禮經（孔孟之
言亦最平易近人），則秦、趙之文也。……唯荊、楚之地僻
處南方，故老子之書，其說杳冥而深遠（老子為楚國苦縣
人）。及莊、列之徒承之（莊為宋人，列為鄭人，皆地近
荊、楚者也），其旨遠，其義隱，其為文也，縱而後反，寓
實於虛，肆以荒唐譎怪之詞，淵乎其有思，茫乎其不可測
矣。[6]

　　值得注意的是，在這段話裏，隱含了一個重要的區分，即
將儒家思想視為北方文化的產物，而將道家精神看作是南方文
化的結晶，當然這只是在粗略的比較意義上說的。

　　如果我們對中國古典美學作進一步的探究，就不可避免地
涉及到儒道精神與美學的關係問題。顯然，較之於其他學說，
儒家和道家思想在中國文化中占有十分顯著的地位，以至於有
些學者堅信，中國文化和中國人的民族性格就是儒道互補所塑
造的。林語堂發現，儒家和道家在許多方面恰好是對立互補
的。儒家思想是積極入世的，而道家思想則是消極避世的，
「這兩種奇怪的東西放在一起提煉，則產生出我們稱為中國人性
格的這種不朽的東西。……所有中國人在成功時都是儒家，失
敗時則是道家。我們中的儒家建設、奮鬥，道家旁觀、微笑。
一個中國人在位時說道論德，閒居時賦詩作詞，並往往是頗為

代表道家思想的詩詞。」[7]這一描述是符合中國文化的歷史的，但更進一步的問題是，儒道互補的關係對中國古典美學有何影響呢？李澤厚說法值得注意：

> 與美學─藝術領域關係更大和影響深遠的，除儒學外，要推莊子為代表的道家。道家作為儒家的補充和對立面，相反相成地在塑造中國人的世界觀、人生觀、文化心理結構和藝術理想、審美興趣上，與儒家一道，起了決定性的作用。
>
> 表面上看，儒家和道家是離異而對立的，一個入世，一個出世；一個樂觀進取，一個消極退避；但實際上它們剛好互相補充而協調。不但「兼濟天下」與「獨善其身」經常是後世士大夫的互補人生路途，而且悲歌慷慨與憤世嫉俗，「身在江湖」而「心存魏闕」，也成為中國歷代知識分子的常規心理以及藝術理念。[8]

換言之，儒家和道家思想在塑造中國文化的面貌和精神特質方面具有無可比擬的重要性。「就思想、文藝領域說，這主要表現為以孔子為代表的儒家學說；以莊子為代表的道家，則作了它的對立和補充。儒道互補是兩千年來中國美學思想的一條基本線索。」[9]

反映到美學上，大致可以說，儒家美學崇尚「和」，而道家美學追求「妙」，兩者構成了中國古典美學的協奏曲。

你只要細讀一下孔子的《論語》，便不難發現一個有趣的現象，在孔子有關美學的表述中，大都強調一些對立的範疇之間的和諧關係。比如，「子謂《韶》：『盡美矣，又盡善也。』」

「質勝文則野，文勝質則史。文質彬彬，然後君子。」「《關雎》
樂而不淫，哀而不傷。」顯然，儒家思想的核心是強調「和」。
「和」不但是藝術本身的美學要求，更重要的是藝術表現的情感
要受到「禮」的節制[10]。所以，藝術在傳統社會中的一個重要
機能不只在於情感愉悅，而且在於社會的和諧。以下一段話頗
能說明這種觀念：

> 子曰：樂在宗廟之中，上下同聽之，則莫不和敬。族
> 長鄉里之中，長幼同聽之，則莫不和順。在閨門之內，父
> 子兄弟同聽之，則莫不和親。故樂者所以崇和順，比物飾
> 節。節文奏合以成文，所以和合父子君臣，附親萬民也。
> 是先王立樂之意也。[11]

這種將藝術和日常生活倫理密切結合的觀念，反映了儒家
思想的核心，恰如李澤厚所言，孔子不是把人的情感、觀念和
儀式引向外在崇拜對象或神秘境界，而是引入並消融在以親子
血緣爲基礎的人的世間關係和現實生活之中，將感情的抒發和
滿足在日常心理―倫理的社會人生中。這也正是中國藝術和審
美的重要特徵。由此出發，中國美學的基本範疇大都強調其功
能性關係，諸如「陰陽」、「有無」、「形神」、「虛實」、「剛
柔」等等。「中國古典美學的範疇、規律和原則大都是功能性
的。它們作爲矛盾結構，強調得更多的是對立面之間的滲透與
協調，而不是對立面的排斥與衝突。作爲反映，強調得更多的
是內在生命意興的表達，而不在模擬的忠實、再現的可信。作
爲效果，強調得更多的是情理結合、情感中潛藏著智慧得到現
實人生的和諧和滿足，而不是非理性的迷狂或超世間的信念。
作爲形象，強調得更多的是情感性的優美（『陰柔』）和壯美

（『陽剛』），而不是宿命的恐懼或悲劇性的崇高。所有這些中國古典美學的『中和』原則和藝術特徵，都無不可以追溯到先秦理性精神。」[12]

如果說儒家美學的基本精神更加偏重於實踐理性的話，那麼，在比較的意義上說，道家美學似乎更加強調審美自身的表現理性。換一種說法，即儒家美學是藝術的人生化，而道家美學則是人生的藝術化。徐復觀認為，道家思想所成就的人生乃是藝術的人生，而中國純藝術精神即由此引發出來[13]。李澤厚則強調，道家美學的許多表述比儒家美學更加準確地抓住了藝術、審美和創作的基本特徵。如果說儒家美學關注的是外在的實用功利，道家美學則把握了超功利的審美關係[14]。

比如，中國藝術重「平淡」風格，就和道家思想有淵源關係。老子有「五色令人目盲，五音令人耳聾」的說法，他提出「味」的概念，「道之出口，淡乎其無味」。再比如，中國藝術有強烈的寫意傾向。在中國古典美學中，形—神關係，虛—實關係，以及「傳神寫照」、「得意忘象」、「氣韻生動」、「空靈」、「意境」等命題，都與此相關。北宋畫院在選拔人才時的試題多用唐人詩句，比如，「踏花歸去馬蹄香」。這意境如何畫？有一位應試者畫了幾隻蝴蝶追隨馬後，暗示了「馬蹄香」，畫面並沒有直接表現踏花的場景；再比如，「野水無人渡，孤舟盡日橫」，一位應試者畫一船夫躺在船上吹笛子，一方面表現了無人渡河，另一方面又使得畫面靜中有動，充滿詩意[15]。這兩個例子體現了中國古典藝術的一個重要特徵，那就是追求某種「韻外之致」，不是簡單的形似，追求形似內在的神似；不是滿足於實的意象，更重視虛的意蘊；是從有限到無限，從有到無，進而入「道」。宗白華把中國藝術的意境概括為：道、舞、

空白。如果我們從道家美學的角度來理解，這個特徵乃是其美學觀念的合乎邏輯的延伸。它就是老子所說的「妙」：「道可道，非常道；名可名，非常名。無，名天地之始；有，名萬物之母。故常無，欲以觀其妙；常有，欲以觀其徼。此兩者，同出而異名，同謂之玄。玄之又玄，眾妙之門。」我們只要對中國古典藝術趣味和判斷用語稍作翻檢，「妙」這個範疇更加準確地傳達出中國古典美學的基本精神。朱自清說得好，魏晉以來，老莊之學大盛，士大夫對生活和藝術的欣賞有了長足的發展，清談家要求的正是「妙」。後來又加上佛家哲學，更強調虛無風氣，於是眾妙層出不窮。妙不同於西方的優美，這恰恰表徵了中國古典美學與西方美學的差異所在。

小資料：中國古典美學

中華民族是最重視倫理道德的作用的民族之一。這一點，深刻地影響了中國美學。應從這個根本點上，結合中國哲學和中國藝術去觀察中國美學的基本特徵。這些特徵主要有下述幾點。

第一，高度強調美與善的統一；第二，強調情與理的統一；第三，強調認知和直覺的統一；第四，強調自然和人的統一；第五，富於古代人道主義；第六，以審美境界為人生的最高境界。

——摘自李澤厚、劉綱紀主編，《中國美學史》（中國社會科學出版社，1984年版）

「初發芙蓉」與「錯彩鏤金」

在大略概覽了中國美學儒道互補的格局和景象之後，我們便可深入到這風景內部，去探尋一些重要的景觀。毫無疑問，中國美學博大精深，內涵極其豐富。宗白華先生認為，在中國美學中存在著「芙蓉出水」和「錯彩鏤金」的不同美，它們構成了中國美學的獨特面貌。以下是他的一段精彩描述：

> 鮑照比較謝靈運的詩和顏延之的詩，謂謝詩如「初發芙蓉，自然可愛」，顏詩則是「鋪錦列繡，亦雕繢滿眼」。《詩品》：「湯惠休曰：『謝詩如芙蓉出水，顏詩如錯彩鏤金』。顏終病之。」這可以說是代表了中國美學史上兩種不同的美感或美的理想。
>
> 這兩種美感或美的理想，表現在詩歌、繪畫、工藝美術等各個方面。
>
> 楚國的圖案、楚辭、漢賦、六朝駢文、顏延之詩、明清的瓷器，一直存到今天的刺繡和京劇的舞臺服裝，這是一種美，「錯彩鏤金、雕繢滿眼」的美。漢代的銅器、陶器，王羲之的書法、顧愷之的畫、陶潛的詩、宋代的白瓷，這又是一種美，「初發芙蓉，自然可愛」的美。[16]

鮑照所提出的兩種詩歌風格，反映了中國古代美學的一種自覺。據史書記載，顏謝詩風的不同確有其緣由。相傳顏延之賦詩作文喜歡典故，追求字詞雕飾，因此顏詩多有斧鑿刻意之感。相比之下，謝詩自然天成，興會標舉，讀來自然可愛。他

的詩歌佳句常被後人引用，諸如：

> 野曠沙岸靜，天高秋月明。——《初去郡》
> 春晚綠野秀，岩高白雲屯。——《入彭蠡湖口》
> 明月照積雪，朔風勁且哀。——《歲暮》
> 池塘生春草，園柳變鳴禽。——《登池上樓》
> 清輝能娛人，遊子憺忘歸。——《石壁精舍還湖中作》

　　其中「池塘生春草，園柳變鳴禽」兩句，歷來被視為極高境界的謝詩佳句。相傳謝靈運一日在永嘉西堂思詩，苦思冥想而未有靈感，於是倦意襲來，朦朧中忽見惠連，輒得佳語，遂有「池塘生春草」。因此他說，「此語有神助，非我語也！」從這一傳說中，我們約略見出「初水芙蓉」的意趣。這裏一個重要的因素是「自然」，所以鮑照說謝詩「自然可愛」。相比之下，顏詩則工於人為，偏好用典，用語雕琢，失去了自然天成的機趣。蕭綱在《梁書》中讚譽說「謝客吐言天拔，出於自然」，亦在情理之中。

　　鮑照所概括的這兩種詩歌風格，雖然是針對顏、謝詩歌提出的，卻也把握了中國美學的兩種文化大風格的內在邏輯。如宗白華先生所言，這兩種美感或美的理想，表現在詩歌、繪畫、音樂、建築、戲曲和工藝美術等各個方面，從而構成了中國古代美學的二元結構。舉書法為例，簡單地比較一下顏正卿正楷的工整劃一，與王羲之行書的灑脫自由，似可瞥見「錯彩鏤金」與「初出芙蓉」的蹤跡。再比如書法中，歐陽詢的《九成宮》和米芾的《蜀素貼》也形成明顯對比。前者似趨向於錯彩鏤金，後者帶有初出芙蓉意味。米芾書學「二王」（王羲之和王獻之），認為歐陽詢「寒儉無精神」，柳公權「費盡筋骨」，

「自柳世始有俗書」。

　　《九成宮》結構規整，法度明晰，字字規範。歐陽詢在其《傳授訣》中對書法要秘作了概括：「每秉筆比在圓正，氣力縱橫重輕，凝神靜慮。當審字勢，四面停均，八邊具備；短長合度，粗細折中；心眼准程，疏密敧正。最不可忙，忙則失勢；次不可緩，緩則骨癡；又不可瘦，瘦當形枯；復不可肥，肥即質濁。」[17]這諸多規範和要求，實際上是強調書法中需人為地加以控制，以達到楷書精致的法度。假使說「錯彩鏤金」的美凸顯了藝術中人為（偽）的一面的話，那麼，在歐陽詢上述

圖2-1　歐陽詢《九成宮》

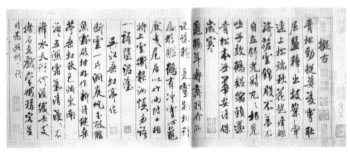

圖2-2　米芾《蜀素貼》

「秘訣」也許是一個例證。

反觀米芾行書，追求平淡自然，講求灑脫而不拘束。所以他的座右銘是「無刻意做作乃佳」，要求自己「心既貯之，隨意落筆，皆得自然，備其古雅」。觀其代表作《蜀素貼》，技法精純嫻熟，字型富於變化，隨意中現出自然率真品性，多有奇險磅礴之氣。同是宋四家之一的蘇軾評論米芾的書法時，概括為「風檣陣馬，沈著痛快」八個字，頗為精當。米芾在其《海岳名言》中曾記載了一件趣事也很能說明問題：

> 海岳（米芾）以書學博士招對，上問本朝以書名世者凡數人，海岳各以其人對，曰：「蔡京不得筆，蔡卞得筆而乏逸韻，蔡襄勒字，沈遼排字，黃庭堅描字，蘇軾畫字。」上覆曰：「卿書何對？」對曰：「臣書刷字。」[18]

米芾對他同時代書法家的評價雖然苛刻，卻也現出他的美學觀念，別人要麼是「勒字」，「排字」，要麼是「描字」、「畫字」，而唯獨他是所謂的「刷字」。一「刷」字，活脫脫地勾畫了他追求「天真」、「自然」的美學格調。

「初發芙蓉」為上

按宗白華的看法，兩種美感或美的理想在中國美學史上有一個發展變化的歷程。在先秦時期，從三代銅器那種嚴肅整齊、雕工細密的圖形花紋中，我們可以得知，那時「錯彩鏤金」的美很是流行。這種美學風格的極端代表作也許是阿房宮和秦陵。前者是「咸陽之旁二百里內，宮觀二百七十，復道甬道相

連，帷帳鐘鼓美人充之，各案署不移徙」。後者是「穿治酈山。及並天下，天下徙送詣七十餘萬人，穿三泉，下銅而致槨，宮觀，百官，奇器珍怪，從臧清之」。「合采金石，冶銅錮其內，漆塗其外。被以珠玉，飾以翡翠。」[19]這種追求「錯彩鏤金」之美的風氣，一方面與春秋戰國時期物質生產力的提高有極大關係，另一方面又與統治階級的審美趣味有關。這時興起了一股美輪美奐的建築熱潮，不只是為避風雨，而且追求使人讚歎的華美，日益成為貴族的一種重要需要和興趣所在[20]。

　　一個時代有一個時代的主導審美觀念，但在主導審美觀念之下，也總有不同的其他觀點。在先秦時代，反對「錯彩鏤金」美學觀念的思想家大有人在。墨子提倡「非樂」思想，反對勞民傷財的種種藝術和裝飾，他認為，衣食住行不應追求過分的華麗奢侈，屋宇的功能在於安住，而非觀賞，衣服作用在於蔽體禦寒，而不是視覺快感。奴隸主貴族們宮室台榭雕梁畫棟，服飾錦繡文采，舟車刻鏤精美，都違反了「以民樂而利之」的原則，因而不足取。更有影響的反對之聲來自道家。老子從他的「無為」學說出發，提出了「五色令人目盲，五音令人耳聾」的看法，主張「見素抱樸，少私寡欲」的小國寡民理想。莊子繼承了老子的傳統，強調人生的「無己」、「無功」和「無名」，因此他提出了「心齋」、「坐忘」的理念，所謂「墮肢體，黜聰明，離形去智，同於大通，此謂坐忘」。意思是說，人應該從各種欲念和要求中擺脫出來，排除各種功利的考慮，達到「無己」的境界。從中我們大致可以窺見，道家美學對「錯彩鏤金」的美是持拒絕立場的，而他們主張的「自然」、「無為」、「淡乎其無味」的狀態，倒是為另一種美——「初水芙蓉」的美——奠定了重要的哲學根基。

　　值得注意的是，宗白華發現，一方面，這兩種美感或美學
的理想在中國歷史上一直貫穿下來，從古至今；另一方面，他
又特別指出，魏晉六朝是一個重要的轉變時期，這時中國人的
美感走上了一個新的方向，表現出一種新的美的理想，亦即逐
漸形成了認為「初發芙蓉」之美高於「錯彩鏤金」之美的共
識。其實，如果我們回到前引鮑照對謝詩和顏詩的評價，便可
發現這種比較並非中立，而是有傾向性的。「初發芙蓉」是
「自然可愛」，而「鋪錦列繡」則「雕繢滿眼」，孰優孰劣溢於言
表，以至於後人凡論及謝詩「池塘生春草，園柳變鳴禽」，大都
作為一種詩歌理想或境界的典範而大加讚賞。為什麼到了魏晉
時期中國美學出現了這樣深刻的轉變？這是一個耐人尋味的問
題。一般認為，這一時期興起了玄學，老莊哲學和佛教的流行
改變了文化的面貌，「越名教而任自然」成為普遍追求。看看
當時人們追崇什麼樣的人物性格，便可窺見一斑。《世說新語》
中記載了許多關於人物品藻的文字，足見當時為人們讚譽的人
物已與春秋時期孔子心目中的「君子」形象大相逕庭，當時人
們關心的不再是人格的完善，而是人物的風采神韻。

　　　　世目李元禮，謖謖如勁松下風。

　　　　時人目王右軍，飄如遊雲，矯若驚龍。

　　　　有人歎王公形茂者，云：「濯濯如春月柳。」

　　　　時人目夏侯太初，朗朗如日月之入懷。

　　　　嵇康身長七尺八寸，風姿特秀。見者歎曰：「蕭蕭肅
　　　　肅，爽朗清舉。」或云：「蕭蕭如松下風，高而徐引。」
　　　　[21]

　　以上人物品藻可以看出，魏晉時期的美學風尚，是面向自

然，走向自然，回歸自然成為普遍追求，因此美學風格出現了巨大的變遷。宗先生認為，魏晉時期雖然是中國政治上最混亂的時期，但卻是精神史上極自由、極解放、最富於智慧、最濃於熱情的時代，因而是一個最富於藝術精神的時代。王羲之父子的字，顧愷之和陸探微的畫，戴逵和戴顒的雕塑，稽康的廣陵散（琴曲），曹植、阮籍、陶潛、謝靈運、鮑照、謝朓的詩，酈道元、楊衒之的寫景文，雲崗、龍門壯偉的造景，洛陽和南朝的閎麗的寺院，無不是光芒萬丈，前無古人，奠定了後代文學藝術的根基和趨向[22]。

魏晉時期所開創的這種追尋「初發芙蓉」之美的風氣，深刻地塑造了中國文化、美學和藝術的面貌。到了唐代，這種「初發芙蓉」之美已成為中國美學和藝術的主導傾向。鍾嶸在其詩評中將謝詩列為上品，而將顏詩列為中品，就是一個明證。宗白華寫道：

> 唐初四傑，還繼承了六朝之華麗，但已有了一些新鮮空氣。經陳子昂到李太白，就進入了一個精神上更高的境界。李太白詩：「清水出芙蓉，天然去雕飾」，「自從建安來，綺麗不足珍。聖代復元古，垂衣貴清真」。「清真」也就是清水芙蓉的境界。杜甫也有「直取性情真」的詩句。司空圖《詩品》雖也主張雄渾的美，但仍然傾向於「清水出芙蓉」的美：「生氣遠出」，「妙造自然」。宋代蘇東坡用奔流的泉水來比喻詩文。他要求詩文的境界要「絢爛之極歸於平淡」，即不是停留在工藝美術的境界，而要上升到表現思想情感的境界。[23]

雖然「初發芙蓉」之美成為中國美學精神的主流，但是有

兩點應加以注意。其一，這種美學觀念嚴格地說主要體現在文人化的藝術之中，亦即在諸如詩歌、繪畫、書法等相當文人化的藝術門類中，「初發芙蓉」之美成為普遍的追求，它塑造了中國藝術和美學的基本面貌。其二，在官方正統文化和民間文化中，相當程度上仍保存了「錯彩鏤金」之美的傳統。比如，在皇家建築、服飾、器具和禮儀中，這種強調華美、規範、裝飾和外在人為功夫的傳統依然延續著。而在民間文化中，則以另一種形態留存著「錯彩鏤金」之美，比如豔麗的民間年畫和服飾，民間性的戲曲、節慶，以及相當多的民間工藝品。不過，這種民間性的「錯彩鏤金」與官方貴族文化的「錯彩鏤金」又有一些形態上的差別，它不那麼講求規整、權威和外在儀式性，而是帶有民間文化自身的質樸、淳厚的風格。

自然平淡的美學

中國藝術的確有許多西方藝術所沒有的獨特品格，這些品格為發展出中國美學體系和邏輯提供了堅實的基礎。在比較美學上，有一種觀點認為，中國藝術重表現，西方藝術重再現。這種說法雖有簡化之嫌，卻也道出了中國藝術的某些特點。

如果我們把「錯彩鏤金」與「初出芙蓉」這兩種美感，與西方美學和藝術相比較，也許可以得出一個有趣的結果：兩相比較，「錯彩鏤金」之美也許在西方藝術中也可以找到類似現象（當然有差異），比如羅馬時期的藝術，或是洛可可風格的藝術等，但「初出芙蓉」之美顯然是中國文化所獨有的。更進一步，中國藝術重傳神和意韻，亦與中國美學的「初出芙蓉」之

美的觀念有密切關係。

　　如前所述，在中國文化結構中，儒道互補構成了中國文化的二重奏。但是，就儒道思想的實際影響來說，後者更加切近中國美學精神和藝術。關於這一點，李澤厚寫道：「如果說荀子強調的是『性無偽則不能自美』；那麼，莊子強調的卻是『天地有大美而不言』，前者強調藝術的人工製作和外在功利，後者突出的是自然，即美和藝術的獨立。如果前者由於以其狹隘實用的功利框架，經常造成對藝術和審美的束縛、損害和破壞；那麼，後者則給予這種框架和束縛以強有力的衝擊、解脫和否定。……〔道家的〕這些神秘的說法中，卻比儒家以及其他任何派別都抓住了藝術、審美和創作的基本特徵：形象大於思想；想像重於概念；大巧若拙，言不盡意；用志不分，乃凝於神。」[24]從上述論斷來看，「錯彩鏤金」和「初出芙蓉」兩種美感，似與儒道兩家思想有某種複雜的關聯。比如荀子「性無偽則不能自美」，強調藝術的人工製作和外在功利，與「錯彩鏤金」之美的功能相近；而莊子「天地有大美而不言」，強調的是自然，即藝術獨立，似與「初發芙蓉」之美相近。雖然我們不能作簡單比附對應，但有一點可以肯定，那就是道家美學的確與「初出芙蓉」之美有密切關係。

　　從總體上說，「初發芙蓉」之美的特徵主要體現爲自然平淡，宗白華把「玉」看作是這一美學觀的體現。他認爲，中國人向來把「玉」作爲美的理想，玉之美也即「絢爛之極歸於平淡」的美。一切藝術的美，乃至人格的美，都趨向於玉的美：內部有光彩，但是含蓄的光彩，這種光彩是極絢爛，又極平淡[25]。

　　假如我們回到道家思想的根源上來看，這種自然平淡的觀

念可謂根深柢固。「平淡」作為一個美學範疇，其思想資源顯然來自道家學說。老子提出了「味」的概念，「道之出口，淡乎其無味。」「為無為，事無事，味無味。」葉朗先生頗有見地地指出：

> 「無味」也是一種「味」，而且是最高的味。王弼注：「以恬淡為味。」老子自己也用過「恬淡」這個詞，所謂「恬淡為上，勝而不美」。老子認為，如果對「道」加以表述，所給予人的是一種恬淡的趣味。後來晉代陶潛、唐代王維在創作中，唐末司空圖在理論中，以及宋代梅堯臣、蘇軾等人在創作中，都繼承和發展了老子的這種思想，從而在中國美學史和中國藝術史上形成了一種特殊的審美趣味和審美風格──「平淡」。這種美學史和藝術史上影響很大的審美趣味和審美風格，最早就是淵源於老子的美學。[26]

平淡在中國古典美學中是一個極高的境界，歷史上許多偉大的藝術家和詩人都有所論述。李白有所謂「清水出芙蓉，天然去雕飾」；杜甫則強調「直取性情真」。梅堯臣曰：「作詩無古今，唯造平淡難。」蘇軾直言：「大凡為文，當使氣象崢嶸，五色絢爛，漸老漸熟，乃造平淡難。」

說到平淡，很自然地又回到謝靈運的《登池上樓》的佳句──「池塘生春草，園柳變鳴禽」──上來了。後人對這兩句詩的評價，大都給予了「自然」、「平淡」的評價。在中國美學中，「自然」、「平淡」絕非平庸和平常，而是一種極高的難以企及的境界。皎然說：「嘗與諸公論康樂為文，直於性情，尚於作用，不顧詞彩，而風流自然。……至如……《登池上樓》，

識度高明，蓋詩中至日月也，安可攀援哉！」遍照金剛評述道：「詩有天然物色，以五彩比之而不及。由是言之，假物不如真相，假色不如天然。如此之例，皆為高手。如『池塘生春草，園柳變鳴禽』如此之例，即是也。」我想，這也就是中國藝術獨特的美學特徵所在！

　　至此，你大約已經把握到中國美學的大致風貌了。現在，你可以盡情發揮自己的想像力，聯想和引發出更多的「芙蓉出水」之美的生動例證，更加深切地體驗中國美學和藝術的獨特韻味。

註　釋

[1]李澤厚，《美的歷程》，文物出版社，1981年版，第1頁。

[2]徐復觀，《中國藝術精神》，春風文藝出版社，1987年版，第165頁以下。

[3]沈子丞編，《歷代論畫名著彙編》，文物出版社，1982年版，第466頁。

[4]宗白華，《美學散步》，上海人民出版社，1981年版，第29頁。

[5]林語堂，《中國人》，學林出版社，1994年版，第31-36頁。

[6]劉師培，《劉師培中古文學論集》，中國社會科學出版社，1997年版，第261-262頁。

[7]林語堂，《中國人》，浙江人民出版社，1993年版，第67頁。

[8]李澤厚，《美的歷程》，文物出版社，1981年版，第53頁。

[9]李澤厚，《美的歷程》，文物出版社，1981年版，第49頁。

[10]葉朗，《中國美學史大綱》，上海人民出版社，1985年版，第49頁。

[11]《白虎通德論》，轉引自徐復觀，《中國藝術精神》，第14頁。

[12]李澤厚，《美的歷程》，文物出版社，1981年版，第52-53頁。

[13]徐復觀，《中國藝術精神》，春風文藝出版社，1987年版，第41頁。

[14]徐復觀，《中國藝術精神》，春風文藝出版社，1987年版，第54頁。

[15]參見張安治，《中國繪畫的審美特點》，載《中國古代美學藝術論文集》，上海古籍出版社，1981年版，第25頁。

[16]宗白華，《美學散步》，上海人民出版社，1981年版，第28-29頁。

[17]楊素芳、后東生編，《中國書法理論經典》，河北人民出版社，1998年版，第72頁。

[18]《中國書法理論經典》，第258頁。

[19]參見梁思成，《中國建築史》，百花文藝出版社，1998年版，第40

頁。

[20]參見李澤厚,《美的歷程》,文物出版社,1981年版,第61-62頁。

[21]轉引自葉朗,《中國美學史大綱》,上海人民出版社,1985年版,第186頁。

[22]宗白華,《美學散步》,上海人民出版社,1981年版,第177頁。

[23]宗白華,《美學散步》,上海人民出版社,1981年版,第31頁。

[24]李澤厚,《美的歷程》,文物出版社,1981年版,第53-54頁。

[25]宗白華,《美學散步》,上海人民出版社,1981年版,第31頁。

[26]葉朗,《中國美學史大綱》,上海人民出版社,1985年版,第33頁。

關鍵詞

中國美學　儒家美學　道家美學　儒道互補　芙蓉出水　錯彩
鏤金

風景

3. 優美與崇高

自然界的美是建立於對象的形式，而這形式是成立於限制中，與此相反，崇高卻是也能在對象的無形式中發現，當它身上無限或由於它（無形式的對象）的機緣無限被表像出來，而同時卻又設想它是一個完整體；因此美好像被認為是一個不確定的悟性概念的，崇高卻是一個理性概念的表現。於是在前者愉快是和質結合著，在後者卻是和量結合著。並且後者的愉快就它的樣式說也是和前者不同的：前者（美）直接在自身攜帶著一種促進生命的感覺，並且因此能夠結合著一種活躍的遊戲的想像力的魅力刺激；而後者（崇高的情緒）是一種僅能間接產生的愉快；那就是這樣的，它經歷著一個瞬間的生命力的阻滯，而立刻繼之以生命力的因而更加強烈的噴射，崇高的感覺產生了。

——康德《判斷力批判》

我們現在已經走到了第三個窗口，朝外看去，那是一片西方美學的風景。

看完了本土的，再來看西洋的，我們的視野中蘊含了不同的美學參照系，這種比較參照拓寬了我們的視野，它可以幫助我們更加深刻地體驗不同文化背景中美學的差異。

當然，審視西方美學景觀也並非易事。久遠的歷史，紛繁的景象，眾多的學派，令人目不暇接。這裏，我們仍是以一斑而窺其全身，選擇西方美學的若干局部景象，透過這些景象深入到包羅萬象的宏大圖景中去。這裏選取的兩個景觀乃是優美與崇高。但要說清這兩個美學範疇，又必須回到西方美學史的淵源上去。

西方古典美學的淵源

也許你已經注意到，較之於中國藝術及其美學觀，西方藝術的發展路徑有很大的差異。東晉大畫家顧愷之畫人不點目精這樣的事情，在西方畫家那裏是絕然不會出現的。希臘畫家則為自己所畫的葡萄竟然使鳥兒飛來啄食而倍感自豪。逼真的模仿在希臘成為藝術家的普遍追求，這和中國古典畫家強調內在神韻不同。西元前六世紀，希臘畫家們已經發現了透視的效果，物體的遠近構成大小，光線的作用形成陰影。於是，他們開始傾心研究光線和物體之間的透視關係。滅點原則應運而生。到了西元前四世紀，人和馬的身體透視縮形畫法已臻於完善，利用明暗產生立體感的技術已被掌握，高光甚至反光得到了充分的研究，關於透視原理的著作也已問世。至於雕塑，對

人體解剖及其種種姿態的研究更是精細入微，希臘素以雕塑聞名於世，而雕塑又以人體表現爲宗旨。湧現出許多偉大的雕塑家和雕塑作品。在古希臘，不但繪畫雕塑發達，而且建築、戲劇和史詩亦很興盛。西方文學的敘事傳統很強大，戲劇也比中國出現得早，這些都表明不同文化的發展，有許多各自的特徵，它們之間存在著巨大差異。

較之於中國古典美學，西方古典美學所走的路線也迥別，所討論的問題全然不同。在柏拉圖那裏，美的討論占據了主要地位，而且充滿了機智和矛盾。比如，美的湯罐不如人美，而美少女又不如神的美；種種事物所以美，乃是「美本身把它的特質傳給一件東西，才使那件東西成其爲美」。這就是說，有一種使事物成爲美之爲美的本質，形態各異的美不過是它的反映而已。美的事物乃是對美本身的模仿。用柏拉圖的話來說，畫家畫的床是模仿木匠製作的床，而木匠的床則是模仿理式的床。理式的床便是美本身。

與柏拉圖不同，畢達哥拉斯學派則把美視爲一種和諧比例，恰如他們把萬物的本原當作「數」一樣。美的身體是各部分恰當的比例，美的音樂則是各種樂音之間的和諧，他們甚至得出了球形是一切立體物中最美的，而圓形則是一切平面圖形中最美的結論。

前一種觀點道出了美的事物的模仿原則，後一個理論點出了美的形式法則。在希臘藝術家那裏，模仿成爲普遍的審美原則，米雍嘗試了表現身體動態的美，畢達哥拉斯探索如何來表現人的頭髮、肌腱和血管的表現力，李西普則把人體的比例略加調整，使其顯得修長動人，姿態優雅。一方面，畫家們爲畫出逼眞的空間效果而自豪，另一方面，美本身作爲一種理想，

往往使得藝術家超越模仿物而追求美的理念。

　　那麼，我們需要思考的問題是，為什麼希臘藝術和美學會
走上這樣一條道路？對這個問題的解答觸及到西方文化起源。
於是，我們對西方美學風景的欣賞便轉向了歷史景觀的回溯。

希臘精神與希伯來精神

　　恰如中國文化的源起十分複雜一樣，西方文化的源頭也非
常龐雜。但是，這並不是說各種源頭因素都對西方文化產生了
同樣重大的影響。比較而言，希臘和希伯來文化是最為重要的
兩個源頭，就像儒家和道家對中國的影響那樣。雙希精神像一
個巨大的鐘擺，深刻地塑造了西方文化的面貌。關於這一點，
英國學者阿諾德寫道：

　　　　我們作為一個民族，是依照自己所擁有的最佳準則才
　　顯現出我們值得讚美的活力和毅力的，……亦即我們強有
　　力和值得讚譽特徵是活力而非智力。……在某種意義上，
　　我們把這兩種力量視作敵對力量，但不是因其本身性質的
　　必然性而對立，而是在人及其歷史中展現為敵對力量，亦
　　即在這兩種力量之間來劃分這個世界帝國。假如我們要用
　　兩個卓越而又輝煌地體現這些力量的民族來命名的話，那
　　麼，我們可以分別稱之為希伯來精神（Hebraism）的力量
　　和希臘精神（Hellenism）的力量。我們的世界正是在希伯
　　來精神和希臘精神這兩種影響之間運動。某個時刻世界感
　　到了其中一極更有力的吸引，另一時刻則感受到另一極的

吸引力。世界應在兩極間完美和諧地實現平衡，儘管這從
未實現過。[1]

在阿諾德看來，「活力」與「智力」的對立，構成了西方
文明的基本精神格局，它們實際上就是希伯來和希臘精神的化
身。那麼，雙希精神究竟有哪些具體的差異呢？它們如何塑造
了西方美學的風景呢？

在阿諾德看來，兩種文明的基本精神儘管有相通之處，但
在一些重要的方面是彼此對立互補的。首先，希臘精神的最終
目的乃是「人的完滿」，而希伯來精神的最終目的則是「人被拯
救」；其次，希臘精神的最高觀念是「按事物本來面目看待事
物」，而希伯來人則認為，「訓誡和服從」高於一切；最後，希
臘人的支配性觀念乃是「人的意識的自發性」，而希伯來人卻強
調「良知的嚴格性」[2]。阿諾德關於雙希精神的概括把握了西方
文化的基本命脈和邏輯，對於我們理解西方文化的特徵和歷史
演變很有啓發性。後來，很多人順著這個思路來探討西方文明
的源起，並把這一二元對立的格局更加具體化了。美國當代哲
學家巴雷特就指出，希臘人締造了西方人的理性和科學，而希
伯來人則創立了西方人的道德和信仰。這就是西方文化的根
源，兩者是相輔相成、對立補充的。

小資料：希伯來精神與希臘精神

1. 希伯來文化的理想的人是信仰的人。就希臘文化來說，至
   少在它的兩個最偉大的哲學家柏拉圖和亞里士多德的哲學
   表述中，理想的人是理性的人。

2.信仰的人是完整的具體的人。希伯來文化並不放眼普遍的人、抽象的人；它所看到的總是具體、特定、個體的人。另一方面，希臘人是歷史上最早的一批思想家，它們發現了一般的、抽象的和沒有時間性的本質、形式和理念。

3.對於希臘人，由此產生了作為只有哲學家才能踏上的通往智慧之路的超然性的理想。……研究理論的人，哲學家或者純理論科學家。……希伯來文化強調的是獻身性，是人充滿熱情地投入他終有一死的存在（既包括肉體也包括精神），以及他的子孫、家庭、部落和上帝。

4.對於猶太人來說，永生除了體現不可知和可怕的上帝以外，是一個相當可疑的概念。而對希臘人來說，永生則是人能夠透過其智力可以隨時達到的東西。

5.希臘人發明了邏輯。希臘人關於人是理性動物的定義，從字面意義上來說，就是人是邏輯的動物，按更本原的含義則是人是有語言的動物。……在希伯來人看來，智力的狀態是最典型地反映在約伯的朋友們愚蠢而又狂妄的嘮叨之中，他們的議論從未觸及問題的核心。生活的終極問題發生於語言所不能達到的深處，也就是信仰的最深處。……

6.希臘人把美和善作為等同的東西或者至少是永遠一致的東西來追求。事實上希臘人用一個單名「美的即善的東西」來表達美和善。阿諾德簡潔地提及的希伯來人的罪孽感，是深知人類存在的痛苦而又難以駕馭的一面，從而不能允許輕易地把善與美等同起來。

——摘自巴雷特，《非理性的人》（商務印書館，1995年版）

　　假如我們把雙希精神視為西方文明的源頭，顯然，西方美學的源起當然和雙希精神密切相關。恰如中國古典美學是在儒道互補的格局中形成的一樣，西方古典美學也是在雙希精神的「巨大鐘擺」中被塑造的。如果說在中國古典美學中，儒家創立的「和」的美學觀念，而道家締造了「妙」的理念的話，那麼，在比較的意義上看，雙希精神也孕育了不同的美學觀念和範疇。不很嚴格地說，希臘精神與西方美學中美的觀念關係更為密切，而希伯來精神則和崇高的範疇有更深刻的聯繫。

　　在希臘文明中，美是一個至高無上的觀念。米洛的維納斯儀態萬方，傾倒多少文人雅士；帕德嫩神廟器宇軒昂，開西方歷代建築之先河；荷馬的史詩，宙克西斯的繪畫，歐里庇德斯的悲劇……希臘的世界乃是一個美的王國。

　　希臘人也許是最早發現並崇拜美的民族，以至於德國藝術史家溫克爾曼坦言：現在廣泛流傳的高雅趣味，最初是在希臘的天空下形成的。「任何別的民族都沒有像希臘人那樣使美享受如此的榮譽。因此，在希臘人那裏，凡是可以提高美的東西沒有一點被隱藏起來，藝術家天天耳聞目見，美甚至成為一種功勳。」[3]

　　在希臘文明中，美的涵義遠不只是形體的優美漂亮，它還有更加深刻的意味。柏拉圖曾經說道，一個人應該透過訓練和思考，努力從最初的美的形體向更高境界昇華。這個審美修煉或培育的過程分五步：第一步是從只愛一個美的形體開始；第二步則透過個別的美的形體感悟到普遍的美的形式；第三步是逐步認識到美的心靈比美的形體更加可貴；第四步則進入廣泛的社會文化，由行為和制度的美進入各種學問知識的美；最後，達到理式的美[4]。柏拉圖關於美的不同層次的說法，道出了

希臘人關於美的重要觀念。不難發現，理性觀念在希臘人關於美的觀念形成過程中具有極其重要的作用。人體的美源於「人的完善」的理念，對美的本體論規定以及經驗的考察，以及美的事物的關係分析和觀察，則和科學精神和抽象理論態度關係密切。可以說，理性的人和完善的人等希臘理想，鞭策著希臘人在追求美的道路上前行。美這個概念表現了至高無上的完善、尊貴和價值，它與真、善、知、自然、存在和藝術等範疇關係密切。一些古典學者發現，在希臘，美是依照以下方式來加以理解的：

　　1.美是超凡卓越的。

　　2.美超越了一切尺度和特徵，和無限相關。

　　3.美與一切事物有關。

　　4.美被認為和諸神、自然、人以及人的作品（藝術品）相關。

　　5.美涉及到特定的事物、形狀、色彩、聲音、思想、習俗、性格和法律。

　　6.美與善和卓越不可分離。[5]

　　其實，在希臘文明中，美這個概念從一開始便是複雜的充滿內在矛盾的。恰如一些學者所指出的：美既展現為我們稱之為美的事物的特質，又呈現為超越一切定量分析和語言範疇之物；美的形式是有限的、可感的，但它本身又是無限地超越一切形式的；美把人與自然以及德性和神性聯繫起來。從古希臘開始，西方美學思考便和美結下了不解之緣，以至於古典美學幾乎就是「美的哲學」的同義語。無疑，在西方美學的知識構架中，美的地位異常顯赫，它在相當長的時期內成為統領美學

的中心範疇。

在西方美學中，除了美之外，還有諸多其他重要的美學範疇，崇高就是這樣的重要範疇。倘使說美和希臘精神關係密切的話，那麼，崇高作為一個美學範疇或許和希伯來精神更契合。換言之，我們可以從希伯來精神的視角來透視崇高。巴雷特注意到，在希伯來文化中，美和善絕不能等同，換言之，在希伯來文化中，善高於一切。希伯來人的歷史全然有別於希臘人，如果說希臘文化反映了西方文明中理性和歡樂的一面，那麼，希伯來文明則揭示了西方文明中信仰與苦難的一面。

希伯來人在其漫長艱難的歷史中，逐漸形成了一種特殊的文化。歷史上希伯來人飽受征戰之苦，先後受到菲力士人、亞述人、加勒底人、波斯人、羅馬人、埃及人的奴役。所以，從一開始希伯來精神就有別於希臘精神。他們在藝術和文學上遠不如希臘文化，但在宗教和法律上卻高度發達。獨特的歷史境遇使得希伯來人缺乏科學理性觀念，但宗教思維卻異常活躍，發展出一系列諸如魔鬼、來世、復活和最後審判等宗教觀念。由此形成的希伯來文化帶有強烈的宗教感、神秘主義和超越精神。希臘人關注的是人的完美，而希伯來人則強調人被拯救；希臘人的現世精神崇拜人自身，即使是神也帶有明顯的人的特徵，而希伯來人的宗教意識則關注來世，強調原罪，因而轉向對神的崇拜。在希伯來精神中，對偉大萬能的上帝的崇拜，對來世的憧憬，對人自身有限性和原罪的清醒意識，都在某種程度上和崇高這樣的美學範疇產生聯繫。崇高這個概念最初是由羅馬詩人朗吉努斯提出的，它指的是一種文章的雄辯風格，其效果是「使我們揚舉，襟懷磊落，慷慨激昂，充滿了歡樂的自豪感」，所以「崇高風格是一顆偉大心靈的回聲」[6]。值得注意

的是，朗吉弩斯在表述崇高風格時，就引用了《聖經》文字來加以說明：「上帝說什麼呢？『要有光，於是有光；要有大地，於是有大地。』」[7]另外，他還說到這樣的話：「在別的方面可以證明這些天才無異於常人，但崇高卻把他們提到近乎神的偉大心靈的境界。」[8]

　　隨著西元四世紀基督教被接納為羅馬的國教，西方開始了漫長的基督教一統天下的中世紀。崇高遂從對自然和人的禮讚轉化為對神的皈依和頌揚。朗吉弩斯曾經指出，崇高的對象不會是小溪和燭光，而是大江大河，是火山爆發，是那些引起我們驚歎的宏大對象。在中世紀，基督教神學則把這種對人、對自然的崇高驚歎轉化為對神崇拜。黑格爾說得好：「在崇高裏則使神既內在於塵世事物而又超越一切塵世事物的意義晶明透徹地顯現出來。……這種崇高，按照它最早的原始的定性，特別見於希伯來人的世界觀和宗教詩。……神是宇宙的創造者，這就是崇高本身的最純粹的表現。」[9]在中世紀哲學家普羅提諾那裏，至高無上的美是神，它不在塵世的下界，而在上界，不能用感官而只能用心靈去感應。它所引起的情感狀態是：心醉神迷，驚喜若狂，眷戀，愛慕，喜懼交集。這種描述已經很接近後來被伯克和康德所分析的崇高感。

　　相對於希臘傳統，崇高似乎帶有更多的非古典傳統和異族特色（從地域上說，希伯來文化就是一種東方文化），所以後來的浪漫主義青睞於異國風情來顯現崇高，就是一個例證。流行於中世紀後期一直到十五世紀末的歌德式（Gothic）建築這個概念，本義是指非希臘─羅馬傳統標準的建築樣式，它一方面代表了征服羅馬的蠻族及其文化，另一方面又代表了取代希臘─羅馬藝術風格和標準的異樣風格。歌德式教堂作為一種建築形

式，最典型地代表了與希伯來精神相關的這種崇高，它尤其呈現為對上帝的敬畏和順從。關於這一點，美國藝術史家列維寫道：

> 具體說來，基督教為避開上帝責難所做的最早努力，必然與崇拜上帝的場所——教堂有關。與這種建築最接近的建築並不在於廟宇之中，而多是在羅馬集會的大廳裏或者在巴斯里卡會堂中，……他們的興建幾乎是對基督教世界觀的一種諷喻：這些建築不加修飾的磚石外表，到處是鑲嵌圖畫的大理石的內部結構，都仿佛成了引向靈魂朝拜的天路歷程。禮拜者首先透過有拱頂走道的庭院，然後走進門廊，這裏是懺悔者與未入教者集中的地方，最後才進入教堂中央雕棟林立的本堂，這裏的縱向節奏把人們的目光和思路現行引向祭壇。在作彌撒時，上帝的偶像就會出現在祭壇上。祭壇後面是象徵著永恒的半圓穹隆的後殿——它通向鑲嵌以金銀飾物烘托出一種永恒的氣氛；作為這一場面的背景，天國般的、消融在空間裏的閃光，突出了救世主極度仁慈的神德。[10]

中世紀以降，歌德式建築，浪漫主義運動，往往都帶有明顯的對崇高精神的崇拜和禮讚性質。神秘、迷狂、衝突和宏大風格始終伴隨著崇高，以至於伯克坦言，崇高與美無關，它更接近醜。而康德則強調，崇高具有一種「進展到無限的企圖」，一種超越感，亦與美感有很大不同。在後來的西方美學的崇高理論中，有一個將賦予神的那些屬性逐漸還給人的歷史轉變，並逐漸和希臘的理性精神結合起來了。

在西方古典美學中，希臘精神和希伯來精神的交錯互動，

構造了西方美學的基本概念——美與崇高。雙希精神的「巨大鐘擺」，從理性的人和完善的人的理想，到信仰的人和超越的理想，塑造了美和崇高的基本特性。

維納斯與擲鐵餅者

　　馬克思曾說過，希臘人是正常的兒童，其藝術至今仍給我們以藝術享受，因為它代表了「一種規範和高不可及的範本」[11]。在西方文化史上，希臘無疑被視為一個文化的高峰期，它所創造的燦爛的成就映照了西方文化的漫長歷史。

　　如果說希臘文化是西方文化的源頭，那麼，從美學角度說，希臘藝術實踐塑造了西方美學的基本觀念。一俟談論到希臘文化，人們總是以一種崇敬的心情來言說，以至於叔本華如是說：「當我們遠遠地離開了希臘人的時候，我們也將因此而遠遠地離開了良好的趣味和美。」[12]而溫克爾曼則認為：「大自然在希臘創造了更完善的人種，用波里比阿的話來說，希臘人意識到他們在這一方面和總的方面是優於其他民族的。任何別的民族都沒有像希臘人那樣使美享受如此的榮譽。」[13]最能代表希臘藝術成就及其美學觀念的藝術，也許非雕塑莫屬。丹納說過，每個時代都有自己的代表性和特有的藝術品種，希臘人崇尚完美強壯的身體，重視教育，敬仰神明，這些導致了希臘雕塑的產生：

　　　　希臘雕像的形式不僅完美，而且能充分表達藝術家的思想：這一點尤其難得。希臘人認為肉體自有肉體的莊

嚴，不像現代人只想把肉體隸屬於頭腦。呼吸有力的胸脯，虎背熊腰的軀幹，幫助身體飛縱的結實的腿彎：他們都感興趣；他們不像我們特別注意沈思默想的寬廣的腦門，心情不快的緊蹙的眉毛，含譏帶諷的嘴唇的皺痕。完美的雕像藝術的條件，他們完全能適應；眼睛沒有眼珠，臉上沒有表情；人物多半很安靜，或者只有一些細小的無關緊要的動作；色調通常只有一種，不是青銅的就是雲石的，把燦爛奪目的美留給繪畫，把激動人心的效果留給文學。……結果雕塑成為希臘的中心藝術，一切別的藝術都以雕塑為主，或是陪襯雕塑，或是模仿雕塑。沒有一種藝術把民族生活表現得這樣充分，也沒有一種藝術受到這樣的培養，流傳得這樣普遍。[14]

倘使說希臘文化代表了西方文化的重要源頭之一，而雕塑又是這一文化的當然代表，那麼，說到希臘雕塑，總免不了提到一些代表作。而一旦提及希臘雕塑，你最先想到的也許就是米洛島出土的阿芙羅蒂特（維納斯）雕像了。這尊現存於巴黎羅浮宮的女神雕像，古往今來引發了多少人的膜拜崇敬，召喚了多少文人墨客吟詠讚美。據說當年德國詩人海涅叩拜在美神腳下，激動得淚流滿面，感慨萬千。俄國作家屠格涅夫則把這尊雕像與法國大革命相提並論。美術史家這樣描述了這尊雕像的魅力：這個半裸的女性雕像，雖然優美、健康、充滿活力，可是並不給人以柔媚或肉感的印象。它的轉折有致的身姿，顯得大方甚至「雄偉」：沈靜的表情裏有一種坦蕩而又自尊的神態。她不是他人的奴隸，所以無需故意取悅或挑逗別人；她也不想高居於人們之上，故也毫無裝腔作勢、盛氣凌人之感。在

圖3-1　米洛的維納斯像

她的面前，人們感到的是親切、喜悅以及對於完美的人和生命
自由的嚮往[15]。

　　一般認為，希臘藝術的顯著特徵是對美的禮讚。溫克爾曼
在其著名的關於希臘藝術的研究中，得出了一個重要結論，那
就是在希臘人那裏，凡是可以提高美的東西沒有一點被隱藏起
來，藝術家天天耳聞目見，受到深厚的薰陶，甚至美被視為一
種功勳。希臘關於美的種種觀念在相當程度上反映在米洛的維
納斯雕像上，比如美是多樣統一、和諧一致等。希臘人認為美
是一種神聖的、純淨的和寧靜的等等。這些特徵都集中反映在

62

這尊維納斯雕像中，以至於人們常常將這尊雕像稱之為「美神」。這種美可以稱之為優美或秀美，它呈現在希臘藝術的許多方面。

　　雖然我們說到美是希臘精神的寫照，崇高與希伯來精神契合，但這並不意味著在希臘文化中唯有美，沒有崇高。其實美與崇高普遍存在於各種文化甚至自然中。朱光潛先生曾經說過，老鷹古松不同於嬌鶯嫩柳，若細心體會，凡是配用「美」字形容的事物，不屬於老鷹古松的一類，就屬於嬌鶯嫩柳了。「駿馬秋風塞北，杏花春雨江南」，前後兩句意趣頗為不同，大約可以視為崇高和優美的描述了。所以，在希臘豐富多彩、形態各異的雕塑中，你也會發現另一類風格的雕塑作品，它們並不追求優美雅致的風格，而是另有追求。這方面，我們要提到的一件雕塑傑作乃是米隆的《擲鐵餅者》。迥異於《米洛的維納斯》那種秀美高雅的風格，米隆的《擲鐵餅者》體現出另一種風格，它充滿了動感和力量。雕塑家選取了運動員蓄勢待發的瞬間，既不是連貫動作的開始，亦不是動作過程的結束，而是選取了彎腰旋臂一擲的中間過程。強調了動作的完整過程而極富暗示性，使人想到了他將把鐵餅有力地拋擲出去。整個動作生動逼真，全無僵硬刻板之感。在造型上，雕塑家採用了一系列獨特的美學原則，使得這尊雕像充滿了活力：雕像的右側線形是曲線延伸，而左側則是鋸齒狀的之字線形；右側是連續的延綿的，而左側則是間斷的；右側是閉合線形，左側是開放線形；右側線條柔和光滑，左側線條有角且富有變化。單純的人體結構，大弓線以及四條幾乎直角相交的直線，給處於動態的身體帶來了和諧[16]。

　　這裏，我們感興趣的不是這兩尊雕像體現出什麼一致的美

圖3-2　擲鐵餅者

學原則，而是想就兩者的差異做些比較和引申。你可以展開自己的想像力，從各個側面去把握兩尊雕像的不同韻味。首先，維納斯塑像趨向於寧靜安詳，而擲鐵餅者塑像則強烈地富於動感。其次，維納斯體態優美，線條舒展柔和，展現了女性的嫵媚和優美，而擲鐵餅者則彎腰屈腿，線條緊張而充滿力量，顯露出男性的剛健與雄渾。再次，維納斯造型諸因素和諧完整，講求變化中的統一，而擲鐵餅者的各種造型要素則傾向於強烈的對比，因而構成一種緊張。仔細端詳兩尊雕塑，細細品味個中三昧，優美和崇高的兩種風格彰明較著。這樣，我們的思緒便進入了西方美學的兩個重要範疇——優美與崇高——的對比分析了。用較為通俗的說法，亦即秀美與雄偉，優美與壯美的比

較。兩相比較中，你會發現許多值得玩味體驗之處，它們深刻地觸及到西方美學的內核。

優美與崇高

　　在西方美學中，優美和崇高是兩個經常被對舉的範疇。率先對這一組範疇作討論的也許是英國哲學家伯克。他認爲，美的對象是引起愛或類似情感的對象，它對人具有顯而易見的吸引力，所產生的是一種愉悅的體驗。它通常有如下性質：小的、柔和的、明亮的、嬌弱的、秀美的、輕盈的、圓潤的等等，比如女性的美之類。相反，崇高的對象則是引起恐懼，它帶有痛感性質，常常是面臨危險卻又並不緊迫。崇高對象的性質往往帶有體積巨大、晦暗、力量、空無、壯麗、無限、突然性等等，比如高山大海，神廟猛獸等事物。

　　到了康德，美與崇高的命題被進一步深化了。在他看來，美的對象就是引起人們不憑利害、單憑快感與否來判斷的對象，一般來說，美又分爲「純粹美」和「依存美」兩類。前者如美的圖案、單純的色彩和樂音、花卉等，後者如一個女人完美地體現出女性的魅力等。總之，美就是引起人們愉快的感性形式，它協調了人的想像力和理解力，具有普遍性。與此不同，崇高則表現出另一種形態。如果說美涉及到對象的形式的話，那麼，崇高則涉及對象的無形式，它體現爲數量的崇高和力量的崇高兩種類型。數量的崇高包括體積無限大的對象，而力量的崇高則是那些擁有巨大威力和支配力的對象，諸如疾風暴雨、山崩地裂等。康德發現，美的對象所引起的是快感，而

崇高的對象所引起的則是一種由痛感轉化而來的快感。數量或力量巨大的對象先是對人產生一種威脅而構成了「恐懼的對象」，但它同時又喚起了人的理性和尊嚴，使人戰勝了恐懼而昇華了自我。

在希臘藝術雕塑中，我們不但見到各式維納斯女神雕像，同時也可以看見決鬥士、角力者、拉奧孔這樣的雕像。前者洋溢著美和愉悅，後者充溢著力的較量和命運的苦痛。不僅雕塑，在詩歌中，有短小精美的薩福的抒情詩，亦有氣勢恢宏的荷馬史詩；在希臘建築中，作為建築「靈魂」的柱子，也體現出不同風格：愛奧尼柱式輕盈活潑，優雅而富於變化；科林斯柱式精巧細緻，富於豪華性和裝飾性；而多里克柱式莊重而樸素，富於莊嚴性和力量。在比較的意義上，也許我們可以把希臘建築中的愛奧尼和科林斯柱式看作是傾向於美的樣式，而把

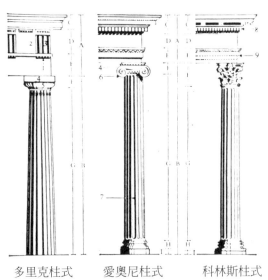

多里克柱式　　愛奧尼柱式　　科林斯柱式
圖3-3　三種希臘柱式

多里克柱式當作是趨向於崇高的樣式。細細把玩這些柱子所傳達的不同意味，可以體會到優美與崇高的不同神韻。

我們甚至可以用「日神精神」和「酒神精神」這對範疇來進一步說明優美與崇高。尼采在對希臘悲劇的研究中發現，悲劇中存在著兩種對立的精神，即日神精神和酒神精神。日神是造型藝術，誠如溫克爾曼當年對希臘藝術所做的描述，雕塑帶有「靜穆的偉大，高貴的單純」的特徵。在尼采看來，日神表現出愉快的性格，它是造型力量之神、預言之神，代表了更高的真理，是一種與日常生活相對立的難以把握的完美性，具有樸素和規則的特性，適度的克制和靜穆。「日神本身理應被看作個體化原理的壯麗的神聖形象，他的表情和目光向我們表明了『外觀』的全部喜悅、智慧及其美麗。」[17]相比之下，酒神是日神的反面：個體化原則崩潰，從人的最內在天性中升起的狂喜，激情的高漲，主觀化入忘我之境。相對於日神的「夢」，酒神是「醉」，相對於日神的「靜穆」，酒神是「狂喜」。「個體化的神化，作為命令或規則的制訂來看，只承認一個法則——個人，即對個人界限的遵守，希臘人所說的適度。作為德行之神，日神要求著的信奉者適度以及——為了做到適度——有自知之明。於是，與美的審美必要性平行，提出了『認識你自己』和『勿過度』的要求。……酒神衝動的作為也是『泰坦的』和『蠻夷的』；同時他又不能不承認，他自己同那些被推翻了的泰坦諸神和英雄畢竟有著內在的血緣關係。——個人帶著他的全部界限和適度，進入酒神的陶然忘我之境，忘掉日神的清規戒律。」[18]值得注意的是，尼采在談及日神和酒神時，不但指出了它們之間的差異，而且還將美與日神，崇高與酒神相關聯。他認為日神的適度是和美的審美必要性平行的，這一點在希臘

美學中有很多表述（諸如「美在和諧」，「美在適度」等）；而崇高在酒神中就是用藝術來戰勝恐懼。

> 我的目光始終注釋著希臘的兩位藝術之神日神和酒神，認識到他們是兩個至深本質和至高目的皆不相同的藝術境界的生動形象的代表。在我看來，日神是美化個體化原理的守護神，唯有透過它才能在外觀中獲得解脫；相反，在酒神神秘的歡呼下，個體化的魅力煙消雲散，透過向存在之母、萬物核心的道路敞開了。[19]

或許我們可以把日神看作是接近優美，而將酒神視爲接近崇高。兩者互動互成，構造了西方藝術和美學的豐富多彩的圖景。

至此，我們可以小結一下優美和崇高各自的特徵了。首先，優美是對象的完美、和諧與統一，帶有靜態的特徵，恰如溫克爾曼所說，寧靜是美最典型的特徵；而崇高的對象往往是充滿了內在衝突和張力，具有不斷運動激蕩的特性。其次，優美的對象具有特徵性的形式和外觀，諸如小巧、柔順、完善、圓潤等，凸顯爲一種令人喜愛的感性形式；相反，崇高的對象則常常體現出巨大、無限、晦暗、粗獷等，亦即體現出某種反形式特性。再次，優美的對象是令人愉悅的，它招致一種主體嚮往、流連和被吸引的心理狀態，它使得主體趨向於接近的過程；與此不同，崇高的對象由於內在的矛盾和衝突，由於其反形式，往往造成一種開始拒斥主體，爾後昇華主體的轉變過程。因此，在崇高對象的欣賞中，有一個從痛感向快感的轉化。如果說美感是單純的快感的話，那麼，崇高感則是痛感向快感的轉變。最後，從對象與主體的關係來說，優美的對象吸

引主體，因此在欣賞過程中主體與客體漸趨同一，最終達到主客交融；而崇高對象則與主體的關係要複雜得多，首先是對主體造成恐懼，因而產生拒斥和威脅，進而喚起了主體自身的理性觀念和勇氣後，主體便超越了對象達到新的精神境界。這個過程使得主客關係由拒斥疏遠到最終同一。

小資料：美

美這個概念來自希臘語 "bellus"，意思是「漂亮」，其法語形式是 "beau"。美是哲學家努力要展現的一種特質。標準的定義是：美是事物的一種特質，它使人的感官和理智感到快樂和愉悅。然而，撫慰可以使人感官快樂和愉悅，但似乎很難說撫慰也是美的。一些哲學家認為，美是對象的一種內在的和與心靈無關的特性。另一些哲學家則主張，美不是客觀的，而是存在於精神主體產生某種特殊反應的心態之中（諸如一種贊同感）。這些界定中，藝術品是美的，不屬於藝術品的自然的某些部分（諸如一些植物）也是美的。

——《布魯斯伯里人類思想指南》（布魯斯伯里出版公司，
1993 年版）

這裏不妨舉風景畫為例。法國畫家柯羅的風景畫畫面協調完美，色彩對比和諧，景物安排錯落有致，充滿了田園詩意的美。比如他的代表作《孟特楓丹的回憶》，畫面寧靜致遠，山水映照，樹影婆娑，反映出畫家心中理想的自然境界。如果我們去看幾乎與柯羅同時代的英國風景畫家透納的作品，則完全是

另一番景致。他的《暴雪》中，色彩充溢著強烈的對比，於是有了某種緊張，場面恢宏闊大，烏雲與太陽在較量；畫面筆觸雄勁蒼健，大有山雨欲來風滿樓之勢，充滿了力量和張力，極富崇高意味。

圖3-4　柯羅《孟特楓丹的回憶》

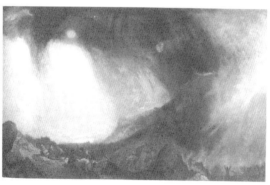

圖3-5　透納《暴雪》

小資料：崇高

　　這個有其古典淵源的概念是在十八世紀逐漸被廣泛使用，它和浪漫主義的關係最密切。這個概念通常和朗吉弩斯論修辭的著作有關，因此有文學上和宗教上的用法，意思是巨大和無限。在愛迪生《想像的快樂》中，這個概念又加入了神靈煥發之天才的意義。然而，賦予這個詞以浪漫意味的則是伯克，他率先強調了這個詞和風景的聯繫：當我們透過藝術看到令人恐懼的自然時，它會創造出一種崇高感，它和美所喚起的安全而寧靜的感受形成鮮明對照。像羅沙這樣的藝術家最初實現了崇高的標準，但他所控制的如畫的景觀漸漸不再令人振奮了。到了十八世紀九十年代，崇高的自然和阿爾卑斯山完全一致了，兩個藝術家（透納和考森斯）以及詩人雪萊都去那裏旅行，既獲得了靈感，又感到恐懼。馬丁和丹比這樣的藝術家強調的人的無意義，而福塞利和其他人則把崇高置於一個歷史的和文學的語境中加以考察。

——《布魯斯伯里藝術指南》（布魯斯伯里出版公司，1996年版）

　　在瞭解到優美與崇高的差異之後，細心的讀者可以發揮自己的聯想，去體會你在欣賞藝術作品時的真切感受，有時你感悟的是優美的表現，有時你被崇高的風格所打動。如果你去聆聽莫札特和孟德爾頌的音樂，多有如行雲流水優美動人之感，洋溢著一種歡快愉悅的情緒，典型地體現出優美的意味；反之，如果沈浸在貝多芬的《第五交響曲》或柴可夫斯基的《悲

愴》中，卻感受到另一種撼人心魄的悲劇性力量，它超越了我們的個體局限，將思緒引向深刻的人類命運衝突，進而喚起一種昇華了的崇高體驗。在詩歌中，我們流連於濟慈《希臘古甕頌》那優美詩句和聯想之中，被美所感染；但進入雪萊《西風頌》的世界，一定會被詩人那豪邁奔放的激情所震撼，「如果冬天已經來臨，春天還會遙遠嗎？」再比較一下西方建築，洛可可式的建築和貴族的私家花園，大都遵循美的原則，強調小巧、柔和、平衡、對稱、和諧等形式美；但英國的巨石陣、雅典的帕德嫩神廟，羅馬的鬥獸場和萬神殿，則充溢著恢宏壯闊的崇高氣勢。

　　美學家李斯托威爾用優美的筆調描寫了普遍存在的美：從菲狄亞斯雕刻的男女諸神完美的體型中，從提香和魯本斯所畫的豔麗的裸體中，閃射出健康的金色光芒，我們瞥見了完美的人物。活躍在索福克勒斯悲劇中高尚的人物，歌德筆下純潔無瑕的伊非格尼亞，乃是人類品質的理想。在浪漫主義詩人的抒情詩那田園般的極樂境界裏，洋溢著寧靜、幸福而和諧的氛圍。特別是在莫札特、舒伯特音樂那種像是漂浮在夏日無雲的長空那樣靜穆而狂歡的喜悅中，綻放出感情的鮮花。崇高則也在向我們展現出它的神采：阿爾卑斯山峰高聳入雲，尼加拉大瀑布飛流懸湍，具有崇高的莊嚴感。普羅米修斯或安提戈涅的英雄主義，浮士德神聖的追求，哈姆雷特高尚而又痛苦的靈魂，都轉變為我們的崇高感受。聆聽貝多芬雄壯的交響曲，巴赫偉大的彌撒音樂，凝視米開朗基羅的西斯廷奇蹟，注視聖彼得大教堂那令人震撼的廣闊，或完全忘失在平靜的波浪起伏的無邊大海中，或沈溺於群星燦爛的廣袤宇宙裏，震驚的崇高之情油然而生[20]。

小資料：美學家論美學與崇高

論美

郝拉克利特：互相排斥的東西結合在一起，不同的音調造成最美的和諧。

柏拉圖：美是永恆的，無始無終，不生不滅，不增不減。

亞里士多德：美是一種善，其所以引起快感正因為它是善。

溫克爾曼：美頗有些像從泉中汲出來的最純淨的水，它愈是無味，愈是有益於健康，因為這意味著它排除了任何雜質。

康德：美是道德觀念的象徵。

雨果：美只有一種典型；醜卻千變萬化。

論崇高

朗吉努斯：崇高是偉大心靈的回聲。

伯克：崇高是引起驚羨的，它總是在一些巨大的可怕的事物上面見出。

康德：我們欣然地把它們稱為崇高，那是因為它們把我們靈魂的力量提升到那樣一種高度，遠遠地超過了庸俗的平凡，並在我們內心展現了一種完全不同的抵抗力量。

魯斯金：崇高是在偉大的感情上產生的效果……這偉大，無論是物質的、空間的、力量的、品德的或者美的。

布萊德利：任何以崇高來打動我們的東西，都產生出一種偉大的印象，而且更多的是——非常的、甚至令人震撼的偉大。

> 李斯托威爾：崇高存在於精神上或物質上令人震撼的宏偉裏面。……沒有靈魂的高尚偉大，最高貴的藝術作品和自然都必定會永遠黯淡無光。

陰柔與陽剛之美

　　看完了西方的優美與崇高的演出，現在讓我們把目光轉向中國美學。雖說優美和崇高是西方美學的範疇，但在中國亦有相似的表述，這就是所謂「陰柔之美」和「陽剛之美」。

　　黃山的峻險超拔，廬山的秀麗嫵媚，兩者形成鮮明對照；江南水鄉的秀美，與塞北高原的蒼涼，也截然不同。不僅是自然風景迥然異趣，在藝術世界裏，這種對比和區別更是彰明較著。舉中國書法爲例，宋趙孟頫行書「圓轉流麗」（明傅山語），而懷素狂草則「以狂繼顚」（懷素自語），似也存在明顯差異。清代劉熙載以此觀念來分析書法中兩種形態，指出「大凡沈著屈郁，陰也；奇拔豪達，陽也」。文學史上通常將宋詞的風格區分爲所謂「婉約派」和「豪放派」，體現出顯著不同文風。看來，優美與崇高是普遍存在的兩個美學範疇，它們構成了我們審美世界的兩個圓心。清代姚鼐曾有如下精彩描述：

> 聞天地之道，陰陽剛柔而已。文者，天地之精英，而陰陽剛柔之發也。……其得於陽與剛之美者，則其文如霆，如電，如長風之出谷，如崇山峻崖，如決大川，如奔

駿驥：其光也，如杲日，如火，如金鏐鐵；其於人也，如憑高視遠，如君而朝萬眾，如鼓萬勇士而戰之。其得於陰與柔之美者，則其文如升初日，如清風，如雲，如霞，如煙，如幽林曲澗，如淪，如漾，如珠玉之輝，如鴻鵠之鳴而入寥廓；其於人也，漻乎其如歎，邈乎其如有思，暖乎其如喜，愀乎其如悲。觀其文，諷其音，則為文者之性情形狀舉以殊焉。且夫陰陽剛柔，其本二端，造物者糅而氣有多寡進絀，則品次億萬，以至於不可窮，萬物生焉。故曰：一陰一陽之為道。[21]

雖然姚鼐指出的是兩種不同的文章風格，但陰陽剛柔不僅可以用於對文章風格的描述，亦可用於其他藝術門類，從書法繪畫，到建築、戲曲，甚至可以用於分析紛繁的自然美現象。因為在上述精彩的描述中，姚鼐首先以自然景觀的差異來說明，如崇山峻崖對幽林曲澗，決大川對如淪如漾，杲日對初日，長風對清風；不僅自然景觀，人文氣象亦復如此，憑高視遠、君朝萬眾對漻乎其如歎、邈乎其如有思。至於藝術世界，這樣的對照更是常見。如果我們細讀以下兩首詞，便可窺見陰柔之美與陽剛之美的差異所在。

聲聲慢　李清照

尋尋覓覓，冷冷清清，淒淒慘慘戚戚。乍暖還寒時候，最難將息。三杯兩盞淡酒，怎敵他晚來風急！雁過也，正傷心，卻是舊時相識。

滿地黃花堆積，憔悴損，如今有誰堪摘。守著窗兒，獨自怎生得黑！梧桐更兼細雨，到黃昏點點滴滴。這次

第，怎一個愁字了得！

念奴嬌　　蘇東坡

　　大江東去，浪淘盡，千古風流人物。故壘西邊，人道是三國周郎赤壁。亂石崩雲，驚濤拍岸，卷起千堆雪。江山如畫，一時多少豪傑。

　　遙想公瑾當年，小喬初嫁了，雄姿英發。羽扇綸巾，談笑間，強虜灰飛煙滅。故國神遊，多情應笑我，早生華髮。人間如夢，一樽還酹江月。

　　李清照的詞清新婉約，表達了詩人在山河破碎、飄泊流離中的愁苦情緒。從「尋尋覓覓」的孤寂，到「冷冷清清」的環境，再到「淒淒慘慘戚戚」的體驗，詩中所選意象多為傷感悽楚意味，乍暖還寒，晚來風急，雁過傷心，滿地黃花，所以愁緒傷懷的情感表露得淋漓盡致。反觀蘇詞，情懷博大激昂，如後人所評價的那樣：「詞至東坡，傾蕩磊落，如詩，如文，如天地奇觀。」（劉辰翁）所選意象恢宏闊大，從大江東去，到驚濤拍岸，從千古風流人物，到一時多少豪傑。赤壁懷古，激蕩著雄姿英發的情懷。陰柔與陽剛之美，從兩首詞的對比中窺見一斑。

　　在中國古代詩歌美學中，有大量關於風格的範疇，這些範疇有不少可以用來描述陰柔與陽剛之美的特徵。就拿唐司空圖的《詩品》來說，可以找到許多極其生動的比喻描述來分別說明陰柔與陽剛之美。比如，「纖穠」、「典雅」等風格，較為接近陰柔之美；而「雄渾」、「勁健」、「豪放」等風格，看起來又和陽剛之美趨近。司空圖是這樣描繪這些風格的特徵的，如

「纖穠」的特徵是「采采流水，蓬蓬遠春。窈窕深谷，時見美人。碧桃滿樹，風日水濱。柳陰路曲，流鶯比鄰。」「典雅」的風格特徵是，「白雲初晴，幽鳥相逐。眠琴綠蔭，上有飛瀑。落花無言，人如淡菊。」這些形態比較接近陰柔之美的特性。而與陽剛之美相似的風格則有如下描述。「雄渾」的特徵是：「返虛入渾，積健爲雄。具備萬物，橫絕太空。荒荒油雲，寥寥長風。」「勁健」的特性是：「行神如空，行氣如虹。巫峽千尋，走雲連風。」「豪放」的面貌是：「觀花匪禁，吞吐大荒。由道返氣，處得以狂。天風浪浪，海山蒼蒼。眞力彌滿，萬象在旁。」這些描述很是形象，但不免有點玄虛。或許我們可以用較爲明細的語言來規定陰柔與陽剛之美的屬性。

陰柔之美可以用幾個關鍵字來表述：首先是偏向於寧靜或靜態，恰如西方美學上把優美視爲寧靜一樣。其次是柔美宜人，含蓄委婉。最後是格局小巧，無論景物都並非闊大。陽剛之美似乎有一些相反的特徵。首先是富有動感和張力，體現出急劇的變動。其次，大都粗獷有力，富有震撼力。最後，所選意象大多宏大開闊，非同凡俗。

在比較的意義上說，中國美學的陰柔與陽剛之美，與西方美學的優美與崇高有類似或共通之處，但我們必須強調，這些範疇是基於不同的文化背景下孕育而生的，有著許多根本的差異。西方的優美與崇高源於雙希精神，亦與日神—酒神精神有關；而中國的陰柔陽剛之美，則源於中國古代哲學的陰陽學說。「立天之道曰陰與陽，立地之道曰柔與剛。」（劉熙載）

註　釋

[1]Matthew Arnold, *Culture and Anarchy*, Cambridge: Cambridge University Press, 1932, pp.129-130.

[2]*Culture and Anarchy*, pp.130-132.

[3]《論希臘人的藝術》，第306頁。

[4]《柏拉圖文藝對話錄》，人民文學出版社，1963年版，第271-272頁。

[5]詳見 *Encyclopedia of Aesthetics*, New York: Oxford University Press, 1998, p.238。

[6]朗吉弩斯，〈論崇高〉，《繆靈珠美學譯文選》，中國人民大學出版社，1998年版，第82、84頁。

[7]同上，第86頁。

[8]同上，115頁。

[9]黑格爾，《美學》，商務印書館，1979年版，第91-92頁。

[10]列維，《西方藝術史》，江蘇美術出版社，1988年版，第43-44頁。

[11]《馬恩論藝術》，第一卷，中國社會科學出版社，1982年版，第149頁。

[12]引自豪夫曼，〈論雕塑〉，載《世界藝術與美學》第一輯，文化藝術出版社，1983年版，第243頁。

[13]《論希臘人的藝術》，第306頁。

[14]丹納，《藝術哲學》，人民文學出版社，1963年版，第46頁。

[15]詳見遲軻，《西方美學史話》，中國青年出版社，1983年版，第29頁。

[16]參見《劍橋藝術史》，中國青年出版社，1994年版，第38-39頁。

[17]尼采，《悲劇的誕生》，三聯書店，1986年版，第5頁。

[18]同上，第15-16頁。

[19]同上，第67頁。

[20]詳見李斯托威爾，《近代美學史評述》，上海譯文出版社，1980年
版，第213-232頁。

[21]姚鼐，〈覆魯絜非書〉，載郭紹虞主編，《中國歷代文論選》，第三
卷，上海古籍出版社，1980年版，第510頁。

關鍵詞

希臘精神　希伯來精神　優美　崇高　陰柔之美　陽剛之美

風景 4. 杜尚的質疑

今天，不言自明的是，一切有關藝術的事都不再是不言自明的了，更有甚者，不再是不思自明的了。有關藝術的一切都變得成問題了，諸如藝術的內在生命，藝術與社會的關係，甚至藝術的存在權利。……不斷增長的藝術事物與其說是滿足於其新近獲得的自由，不如說是陷入了新禁忌的漩渦。無論在哪裏，藝術家都急切地爲他們所做的事情尋找某種假定的根據。這種落入新秩序的做法不管多脆弱，都是如下事實的反映，即藝術中的絕對自由——此乃藝術的特點——是和社會整體的永久的限制相矛盾的。這正是藝術在社會中的地位和功能變得不再確定的原因所在。換言之，在脫離其早期的膜拜功能和其他衍生功能之後，藝術所獲得的自律性有賴於人性的觀念。隨著社會越來越不人性，藝術遂變得越來越缺乏自律性。這些充滿了人性理想的藝術構成要素已經失去了自己的力量。

——阿多諾《美學理論》

前幾章我們對中西美學作了匆匆巡禮，大致把握了古典美學的全景。從古典美學向現代美學的過渡，藝術問題逐漸凸現出來。有人說，現代美學有三個轉向，那就是轉向藝術，轉向人的獨創性，轉向人類境況。這顯然是有道理的。

現代美學爲何轉向藝術？原因是多樣的，其中一個原因也許是現代藝術不斷地向美學逼促，挑戰傳統美學觀念，提出新的難題。於是，美這個一度統治美學的範疇，不再具有那樣的顯赫的中心地位了。美學從探討美日益轉向探討藝術。傳統的美的哲學也就逐漸演變成爲現代的藝術哲學。

稍有現代藝術常識的讀者都會注意到這個轉變，不難發現，在現代藝術中，美已失去了至高無上的地位，藝術表現的寬廣領域遠遠地超出了美的限制。現在，我們就轉向又一扇窗戶，去賞析現代美學的新景觀吧！

《噴泉》的詰難

世界之大，無奇不有。歷史漫長，此一時又彼一時。我們所處的世界在急劇變化，藝術也隨之改變自己的面貌，而美學，作爲對藝術實踐的哲學思考，其變化同樣是驚人的。

一九一七年，紐約正在醞釀一個大型獨立藝術展，以便給日益僵化的美國藝術界注入活力。法國藝術家杜尙在展出一周前，在第五大街的一家器皿店裏購得一件陶瓷的小便池，帶回工作室後，他在這個器具的底部簽上一行字：「R. 莫特先生作於一九一七年」。在藝術展開幕前兩天派人送到了這次展覽會。

這件被題爲《噴泉》的作品遂成爲藝術史上的一個著名的

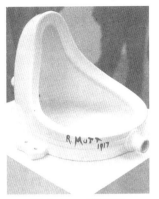

圖4-1　《噴泉》

事件。據記載，當這件作品送達展覽會後，杜尚的摯友沃爾特和接受展品的組委會工作人員貝羅斯之間有一場激烈的爭論：

> 「我們不能展覽它。」貝羅斯激動地說，並掏出手帕擦他的前額。
>
> 「我們不能拒絕展出它，入場費已經全付了。」沃爾特溫和地說。
>
> 「這東西太下流了。」貝羅斯喊道。
>
> 「這決定於用什麼觀點來看它。」沃爾特邊說邊擠出一絲鬼臉相。
>
> 「肯定是什麼人將它當作一個笑話送來，上面簽著莫特兩字，我覺得聽起來很可疑。」貝羅斯討厭地嘟噥著。沃爾特接近這件東西，並用手觸摸它光滑的表面。帶著一副哈佛教授式的尊嚴，他解釋道：「一個多麼可愛的形式，不受其功能的束縛。因此人們一定賦予了它以美學價值。」
>
> 貝羅斯站開來了一些，他更憤怒了，似乎要將這個東

西摔碎，「我們就是不能展覽它，我只能說這些。」

沃爾特輕輕地觸動了一下他的胳膊，「這正是關於所有的展覽的，這是一個棋，藝術家可以展出他所選擇的任何東西，只是讓藝術家而不是別的什麼人來制定什麼是藝術。」[1]

儘管這件「作品」最終未被展出，兩人之間的爭論也已結束，但這件「作品」後來卻成爲藝術界持續論辯的主題。這一辯論對美學來說，具有振聾發聵的作用。不久，在一家雜誌上刊登了關於這一事件的討論，一篇顯然反映了杜尚想法的社論是這樣論說的：

關於理查德·莫特案

他們說任何藝術家只要付六美元就可以展出。理查德·莫特先生送來一個《噴泉》，沒有經過任何討論，這件作品就消失了，而且沒有被展出。

為什麼要拒絕莫特先生的《噴泉》呢？

第一，有些人認為它是不道德，粗鄙。

第二，另一些人認為是抄襲，原本就是一個便池。

莫特先生的《噴泉》沒有什麼不道德的，那很荒唐，正如說浴缸是不道德一樣。這是一件你每天在生活用品商店櫥窗裏都能見到的東西。

是否由莫特先生親自製作這件《噴泉》並不重要。他選擇了它。他從日常生活用品中挑出來。在一個新的題目下，從一個新的觀點看來，它原有的功能消失了，但為它創造了一個新的意義。[2]

在這個看似可笑的「事件」後面，其實隱藏了許多值得深究的美學問題。讀者可以去提出自己的問題，並思索其中可能的答案。誠然，關於杜尚爲何選擇這麼一件物品來充當藝術品並要求展出的原因，可謂仁者見仁，智者見智。但它客觀上打破了我們關於藝術的常識和成見，把何爲藝術品的問題尖銳地凸現出來。也許你可以想像，如果杜尚不是選擇這麼一件令人尷尬和難堪的器具，而是選擇一把椅子或一件裝飾品，說不定藝術展的組織者會接納。但問題恰恰在於，他所送展的這個看似與藝術毫無關聯的現成物，把傳統的美學觀念逼得無路可走了。拒絕這一行爲本身就表明兩種觀念之間的衝突，而且難以調和。

這裏，我們可以提出一系列有關的問題。首先，爲什麼獨立藝術展不接受這件「作品」？組織者（杜尚也是展出負責人，所以他化名「莫特」）是依據什麼來接納或拒斥展品？其次，誰是藝術品的權威判官？是藝術家還是藝術批評家或藝術商人？他們之間有無共同的原則和標準？再次，一件物品是否可以既是藝術品又是實用物？「現成物」和藝術品有區別嗎？是否可以說，一件物品是否屬於藝術品，有賴於我們如何看待它？最後，這個「事件」還提示我們，存在著普遍的亙古不變的關於藝術的標準或規範嗎？

真可謂《噴泉》一石激起千層浪！

那麼，杜尚這麼做的真實用心究竟何在？他自己對這一「作品」的解釋頗有些啓發性。他坦承，自己最初的想法就是「找一件從任何審美角度來說都沒有吸引力的東西」，由此突出「關鍵的因素是差異」這一想法。也許，杜尚的潛在意念是要抗拒業已習慣並被認爲理所當然的關於藝術的種種常識看法，質

疑這些常識看法的合理性。所以,他一定要選用和藝術品根本無關的東西,以此來使人們看到「差異」,進而挑戰現有的藝術觀念。他說:「你可以利用現成品的觀點而變為一個藝術家,一個有品味的藝術家,你可以選擇很多很多。這使我想到了藝術會是一種習慣性毒品,這就是藝術,它對藝術家和收藏家都成立。」[3]也許,杜尚的真實動機就是利用一個與藝術品有極大差異的現成物,來震撼已成為「習慣性毒品」的藝術觀念,進而使我們注意到什麼是藝術的觀念本身,它是不斷變化的。這種變化就體現在我們如何看待藝術品,或者說,我們把什麼當作藝術品。這麼來看,也就不存在不可變更的藝術觀念了。

顛覆傳統

　　杜尚的挑戰真有點令人震驚。無論你怎樣看待《噴泉》,有一點是可以肯定的,那就是它的確粉碎了我們關於藝術和藝術品的諸多習慣性看法,逼迫我們重新思考這個看似簡單、實則複雜的難題。柏拉圖曾斷言,「美是難的!」這個判斷對古典美學來說是真確的;而對現代藝術哲學來說,我們完全可以把這個說法加以改造,移植到藝術(品)問題上來,即是說,「藝術(品)是難的!」

　　確實,面對飛速發展變動的藝術世界,如何界定藝術的確已成為一個問題。它之所以是一個問題,是因為傳統的藝術看法變得不再有效了,至少是變得不那麼確定了,尤其是在這個先鋒派藝術風起雲湧的時代。如果我們以通常的藝術觀來看待杜尚的《噴泉》,疑惑是顯而易見的。美學家費舍爾指出:「杜

尚因此而瓦解了許多構成視覺藝術的最基本的假定：(1)藝術是手工製作的；(2)藝術是獨特的；(3)藝術應該看上去是美觀的或美的；(4)藝術應該表現某種觀點；(5)藝術應該需要技巧或技術。」[4]看來，《噴泉》的震撼不只是什麼是藝術品這個問題，它還涉及到與此相關的更多的美學問題。我們就順著費舍爾的思路來審視這些問題。

第一，藝術從來就被看作是一種手工勞作，它與機械化流水線的成批生產的工業品截然不同。從原始藝術到古典藝術，再到現代藝術，手工性的確是藝術的本性之一。即使是先鋒藝術，無論是繪畫，或是雕塑，莫不如此。馬蒂斯也好，畢卡索也好，蒙德里安也好，他們再激進的藝術創作，無論與現有繪畫觀念距離多遠，內容如何前衛，但都無法離開手工性。但是，杜尚選用的「現成物」，完全是一件成批生產的工業製品，絕非手工勞作的產物。如果這樣的事物也可稱之為藝術品，那麼，還有什麼不是藝術品呢？實際上，在我們的日常生活中，已經有越來越多的工業複製品被我們當作藝術品加以欣賞了，比如攝影，就是一種典型的工業複製品；再比如，電影、電視、音樂錄音帶等等。掛在家裏牆上的一幅梵谷《向日葵》的印刷複製品，或是莫內的《睡蓮》的印刷複製品，同樣可以作為我們欣賞的對象。但與《噴泉》相比，一個最大的不同似乎還不在是否屬於手工性的工業複製品，而是它的內容。因為《向日葵》和《睡蓮》雖然經過複製，但傳統的藝術內容（以及藝術家手工表現的畫面）仍保留在複製品裏。反觀《噴泉》，它壓根兒就缺乏作為觀賞對象的藝術內容。這就涉及到下一個問題。

其次，藝術因為是藝術家個人手工製作的，所以，藝術品的生產總是和特定的個體及其時空境況有特殊的聯繫。換言

之，藝術品是獨具個性和風采的，藝術家的個性以及他所屬的
文化已經融入了特定藝術表現之中。非洲原始雕塑是原始部族
生活獨特性的寫照，唐詩宋詞也是中國唐宋時期文人墨客情感
生活的呈現。因此，傳統藝術總是帶有一種明顯的獨特性。這
個問題在杜尚的《噴泉》「問世」二十年後，由德國美學家本雅
明從理論上加以闡明。本雅明認為，傳統藝術與現代機械複製
時代的藝術有根本的不同，那就是傳統藝術具有一種特殊「韻
味」，亦即藝術品生產的此時此地的獨一無二性。比如《紅樓夢》
或《蒙娜麗莎》，都是特定時代的藝術家特殊視角中的特殊的世
界，我們進入這個世界就是遭遇這種獨一無二性。本雅明發
現，隨著機械複製時代的到來，這種獨一無二的「韻味」彌散
消失了，一件作品（電影或 CD 唱盤）可以無窮複製，無限傳
播，它一方面打破了傳統藝術品傳播的時空界限，另一方面又
使「韻味」無可挽回地消失了。因為在複製品和原作之間界限
喪失的情況下，任何中心和權威也都不復存在了。杜尚的《噴
泉》就是一件機械複製品，我們可以在許多地方見到它，在公
共衛生間裏，在私人住宅的浴室裏，在潔具商店裏，它們一模
一樣沒有區別。於是，傳統藝術品所具有的此時此地風格的不
可重複性蕩然無存。傳統藝術品所具有的那種膜拜和神聖的意
味也隨之消散了。

　　第三，藝術品應是美的，應有足以打動人的美的形式和外
觀，尤其是造型藝術品。而且，這種美的外觀只是為了人們欣
賞而存在的。無論雕塑、繪畫或建築，或工藝美術甚至民間工
藝品，外觀的形式美是必不可少的。在美學上，一個常見的看
法是，審美對象是給人以愉悅的，這種愉悅首先來自審美對象
悅人耳目的外觀形式。就視覺藝術而言，這種視覺快感是必不

可少的。美學上討論的種種形式美原則，從「黃金分割率」到平衡、對稱、對比、反襯、節奏等等，幾乎都與外觀的美相關。有人對杜尚的《噴泉》分析說，這件複製的工業品其實也有許多形式美的因素。杜尚的摯友沃爾特就把它描述為「一個多麼可愛的形式」，「因此人們一定賦予了它以美學價值」。還有人寫專著討論這件「作品」，簡潔的造型線條生動，像一個正在打坐的和尚。一九六四年在義大利米蘭，這件作品被複製了十三件展出，後被人買下收藏，價格不菲。但問題是，如果人們想欣賞形式美，人們大可不必在「小便池」上尋找，而且比它優美的線條和造型隨處可見。杜尚的本意是尋找從任何審美角度說都沒有吸引力的東西。這就意味著，這件「作品」在杜尚看來，絕無一般藝術品的形式美因素。所以，它才對傳統藝術品美的原則提出挑戰。如果我們在其中看到了傳統藝術品的形式美，這顯然不符合杜尚的本意，否則他不會強調所謂「差異」了。因此，費舍爾認為杜尚的《噴泉》是對藝術品是美的觀念的顛覆。他的一件更加極端的作品是《L.H.O.Q.Q.》，完全是一幅對古典名作的戲仿，他臨摹了達文西名作《蒙娜麗莎》，並給蒙娜麗莎畫上兩撇山羊鬍子。藝術品必須要符合美的原則這樣的觀念在杜尚那裏是不存在的。縱觀現代主義以來的藝術實踐，美已不再是藝術的必要條件，非美、消極的美或否定的美，常常出現在藝術作品之中。也許我們可以推測，杜尚的用心乃是要我們在觀看他的這件「作品」時，忘卻傳統藝術品「美」的外觀，放棄作出任何「美的」判斷。

　　第四，藝術品應該表達出作者的某種思想或意圖，這是我們據以評判藝術品是否成功的一個要素。從欣賞者角度說，藝術品自然有某種意義，這種意義也許是作者的意圖，也許是觀

眾或讀者從藝術品中發現的獨特意味。對藝術家來說，他創造某件藝術品，無論詩歌小說，抑或繪畫雕塑，總是有所思有所感，有某種想要表達的東西存在。於是，藝術的形式和符號便和作者的意圖密切相關。反觀杜尚的《噴泉》，一件現成的工業品或日常生活器具，既不是他製作的，亦不是為體現他的某些思想而生產出來，這樣的器物司空見慣，本來與杜尚毫無關係。於是，從中我們看不見傳統藝術品中所表達的藝術家特定思想和意圖。不過，假如我們從另一個角度來看，也很難說這件「作品」沒有表達什麼「思想」。結合前面引述的杜尚關於這件「作品」的看法，實際上他所以選取這件現成物，而不是其他現成物，而且是用於這樣一個特定的獨立藝術展，本身就蘊含了某種看法。他是以此來質疑傳統美學觀中根深柢固的關於藝術傳達藝術家特定思想的看法。

最後，藝術乃是技藝的結晶，從傳統的意義上說，藝術這個概念最初的涵義就是指某種技能或技藝。由於傳統藝術品總是手工製作的，總是凝聚了作者的個性和風格，因此必然表現出某種技藝。恰如書法和繪畫，任一藝術傑作都是作者藝術技藝的卓越體現，無論王羲之或蘇東坡的書法，抑或吳道子或倪雲林的繪畫，皆體現出高超的藝術技藝。由於選用了現成物和工業製品，在杜尚的「作品」中，有意消解了藝術家個人的藝術技藝。這就挑戰了傳統的藝術概念，促使思索藝術的本性。

由此可見，杜尚的顛覆是徹底的，其挑戰是尖銳的。儘管這件「作品」沒有在獨立藝術展上展出，但它作為一個「事件」，其意義遠遠超出了藝術展本身。現在的問題不再是我們是否把《噴泉》視為藝術品，而是我們歷來天經地義的關於藝術的種種觀念，是否可以而且必須反思和質疑。

顯而易見，從杜尚《噴泉》的個案來看，何為藝術的問題的確成為現代美學的核心問題之一。它之所以引起美學家的興趣和關注，一方面是來自藝術實踐的挑戰和疑問，使得傳統藝術的觀念變得可疑了。比如，一九七一年美國藝術雜誌《地平線》刊載了一篇文章，其標題為「『非藝術』，『反藝術』，『非藝術的藝術』和『反藝術的藝術』都是無用的。如果某人說他的作品是藝術，那就是藝術」。這個標題典型地反映出（後）現代主義藝術家的相對主義美學觀；另一方面，現代美學自身也對這一問題作出敏銳的回應，越來越多的美學家注意到，美的問題在美學中已經不再是中心問題，迫切要解決的不是一個形而上的美的本質主義問題，而是對藝術活動過程中所提出的諸如何為藝術的問題。

何為藝術？

杜尚的挑戰是針對傳統美學觀念的，顯然，面對新的挑戰，美學需要尋找新的理論框架和解釋手段。於是，美學的重心從美轉向藝術便是不可避免的了。「轉向藝術」這個簡短的說法，標誌著美學的思考範圍擴大了，視野更加開闊了。因為從藝術發展的實踐來看，它並不只是追求表現美、崇高和或者妙這樣的古典範疇，現代藝術的不斷創新打破了古典藝術的許多禁忌和限制，諸如恐懼、醜、荒誕、極端體驗、怪異、頹廢、反諷、魔幻、神秘、夢幻、原始、懷舊、流行、時尚、複製、機智等等範疇，在藝術領域裏都得到了不同的展現。

不僅藝術家的表現領域在現代大大拓展了，而且現代藝術

的欣賞者也擴大了自己的審美偏愛的範圍。不但能夠欣賞美，而且還能夠欣賞更多的範疇。歌德曾經說過，一個只能欣賞美的人是軟弱的，而能欣賞崇高、悲劇、荒誕甚至醜的人，才具有健全的審美趣味。藝術實踐和欣賞實踐的拓展，也把美學思考帶入一個更加廣闊的天地。

從概念的角度來說，藝術這個概念大於美，由美轉向藝術，不但是改變那種外在的研究藝術的種種格格不入的做法，而且使美學的視野更加開闊，更加切近藝術的實踐活動。

藝術這個概念是歷史的產物，在不同的時代有不同的含義。今天我們所說的藝術在古代是不存在的。中國古代的「藝」，並不是指今天的藝術，而是指技藝的意思。孔子說「遊於藝」，就是指古代的「六藝」——禮、樂、書、數、射、御。在西方，Arts這個概念最初也是指技藝。比如，在古希臘，就是指木工、鐵匠、外科手術等技藝。從中世紀到文藝復興，所用的概念是「自由的藝術」（liberal arts）。「自由的」是指「自由的人」，而「藝術」是指「技藝」。「自由的藝術」分為兩類，一類是低級的藝術，包括文法、修辭和邏輯，另一類是高級的藝術，主要有算術、幾何、天文和音樂。藝術的這種用法表明，作為一個範疇，實用的技藝與非實用的藝術尚未具體區分開來，那時藝術還是一個包含了諸多領域的整合概念。法國美學家巴托一七四六年第一次提出了「美的藝術」（fine arts, beaux-arts）的概念。所謂「美的」這個界定，清楚地表明了它與「非美的」（亦即實用的）藝術區分的差異。巴托認為美的藝術主要有五種：繪畫、音樂、詩歌、雕塑和舞蹈。藝術從傳統的技藝中分離出來，一方面說明藝術自身的逐漸獨立，獲得了自身存在的合法化；另一方面也表明，人們認識到藝術作為人

類文化活動的一種獨特形式，有別於其他形態。前者是藝術實踐的發展，是藝術與宗教、道德和科學等其他人類活動的分理開來的結果，後者則是藝術哲學理論發展，是美學或藝術哲學形成的過程。所以，在巴托提出「美的藝術」的同時，鮑姆加通也為美學做了命名。這兩個「事件」發生在同一時期不是偶然的。這表明，一方面思想家們注意到美的藝術所具有的特殊性質有別於其他技藝或工藝，它環繞著美的核心，脫離了實用性的、裝飾性的功能，專為審美靜觀而存在。另一方面，專事於思考這種藝術的學問本身的建立也被提上了議事日程，所以，鮑姆加通界定為：「美學作為自由藝術的理論、低級認識論、美的思維的藝術和與理性類似的思維的藝術是感性認識的科學。」[5]這裏所謂「自由的藝術」，也就是巴托的「美的藝術」。

　　藝術這一概念的歷史的變化有幾點值得注意。其一，藝術的概念本身就是歷史的產物，不同的時代有不同的藝術觀念，古希臘、中世紀、文藝復興和現代的藝術概念是大相逕庭的。從這個角度看，杜尚《噴泉》的質疑有其合理的一面。其二，從藝術概念的歷史來看，也有一個不斷被提升拔高的過程。在古希臘羅馬時期，藝術的概念主要是指由奴隸和下層人的手工藝勞作，是被貴族和上層社會所蔑視的勞動技能。到了文藝復興時期，自由的藝術則與貴族關係密切，無論文法、修辭，抑或算術、音樂，都是貴族修養不可或缺的部分，也是提升人的心智的門徑。十八世紀提出「美的藝術」之後，藝術的概念便進一步和諸如「天才」、「才能」、「創造」等概念關係密切了。比如，在浪漫主義以前，創造的概念不被用於藝術家，藝術家是「製作」。浪漫主義把作為神的特權的創造力返還給藝術家，深刻地揭示了社會文化觀念的激變。而藝術是創造，便需

要天才和才能，這已不是一般普通人所具備了。由此來看，藝術觀念的發展逐漸染上了「精英主義」色彩。其三，藝術概念的歷史演變還呈現出一個逐步自足獨立的趨勢，這個過程亦可視為慢慢孤立的過程。早期的藝術概念與日常生活實踐關係交錯糾結，藝術也是日常生活實踐的一部分。隨著美的藝術的強調，藝術漸漸脫離了現實的日常生活，轉而成為審美態度和判斷的對象，遂也變得日益孤立了。藝術在現代社會中似乎只存在於音樂廳、劇院、圖書館、美術館，藝術的技藝傳授在學院裏被專業化了，一言以蔽之，藝術與日常生活脫節了。所以，杜尚的《噴泉》帶有令人震撼的性質，因為他把日常生活的「現成物」直接轉化為審美對象，這就提出了如何彌合藝術與日常生活脫節的嚴峻問題。

那麼，從現代美學的視野來透視，究竟該如何看待藝術呢？

美學上對藝術的討論，首先遇到的問題是，藝術這個概念作為種概念，其實還包括一些屬概念。藝術是一個總體性的範疇，在藝術這個總範疇下包含一些具體的藝術概念，比如藝術品、藝術家、欣賞者等。在這方面，美國學者艾布拉姆斯的藝術四要素理論較為系統地說明了藝術這一總體概念中各相關概念及其關係。他認為，藝術實際上包含了四個基本要素：世界、作品、藝術家和欣賞者。他用圖表來加以說明：

┌
│ 小資料：藝術

　　把諸如繪畫、雕塑、建築、音樂和詩歌這類活動看作是具有某種共同的本質，這種觀念屬於十八世紀開始的某個特殊時期。自那以後，「美的藝術」變得逐漸和科學以及更加普通的技術訓練分離開來了。爾後，在浪漫主義和現代主義時期，它進一步演變爲單數的藝術概念。當代哲學家也繼承了這一觀念，不過它們不再能完全肯定藝術能作些什麼。

　　一個問題是很難界定藝術。考慮一下藝術的最早的定義：藝術即模仿，或藝術是世界形象的再現。很長時間裏，繪畫和文學可以統一在藝術門下，然而，如果藝術也包括音樂和建築，以及二十世紀的抽象視覺形式，這個定義就成問題了。於是，基於拒絕把藝術再現作爲藝術的顯著特徵，二十世紀早期出現了兩個著名的藝術定義：藝術是有意味的形式，和藝術是情緒的表現。這兩個定義都不再重視藝術作品與現實的關係，轉而熱衷於藝術對象本身的審美特質，或是作品與其產生的創造者的心靈之間的關係。以藝術對象爲中心或以藝術家爲中心的定義通常被用來區別什麼是「合適的」藝術，什麼不是，這些觀念有助於解釋藝術的諸多不斷發展的形式價值。但是，這兩種界定只是一個完整定義的一個方面。

　　　　——《牛津哲學指南》（牛津大學出版社，1995年版）
　　　　　　　　　　　　　　　　　　　　　　　　　　┘

　　在這個圖表中，藝術所包含的四個基本要素，它們之間構成了特定的關聯，艾布拉姆斯具體陳述如下：

　　　　每一件藝術品總要涉及四個要素，幾乎所有力求周密的理論總會在大體上對這四個要素加以區辨，使人一目瞭然。第一個要素是作品，即藝術產品本身。由於作品是人為的產品，所以第二個共同要素便是生產者，即藝術家。第三，一般認為作品總得有一個直接或間接地導源於現實事物的主題——總會涉及、表現、反映某種客觀狀態或者與此有關的東西。這第三個要素便可以認為是由人物和行動、思想和情感、物質和事件或者超越感覺的本質所構成，常常用「自然」這個通用的詞來表示，我們卻不妨換成一個含義更廣的中性詞——世界。最後一個要素是欣賞者，即聽眾、觀眾、讀者。作品為他們而寫，或至少會引起他們的關注。[6]

　　儘管艾布拉姆斯是從藝術品這個概念出發來規定藝術四要素的，但我們可以把這個模式視爲對藝術這個總概念的具體描述。換言之，藝術的四要素較爲完備地囊括了藝術的主要內容。也就是說，當我們指稱藝術這個概念時，實際上是指涉這四個要素或其中的某些要素。舉例來說，比如曹雪芹的《紅樓夢》，作爲一個藝術的現象，它包含了以上四個基本層面。曹雪芹作爲作品的創造者，當然屬於藝術家範疇；他嘔心瀝血寫就的《紅樓夢》是藝術品；作品涉及到清代一個衰落的貴族大家族的歷史，其中必然包含了當時各種人文地理和日常生活現實，從服飾、建築、膳食，到人物關係和故事線索等，以及作品所反映的「世界」；而不論是作者同時代的讀者，抑或是我們這些當代人，作爲《紅樓夢》的讀者，就是作品的欣賞者和接受者。顯然，藝術活動如果離開了這四個要素中的任何一

個，都將是不完整的，也是成問題的。

在艾布拉姆斯看來，四要素及其結構圖形，實際上揭示了各要素的相關性，同時，也標示了一個重要的美學史現象。「儘管任何像樣的理論多少都考慮到所有這四個要素，然而我們將看到，幾乎所有的理論都只明顯地傾向於一個要素。就是說，批評家往往只是根據其中的一個要素，就生發出他用來界定、劃分和剖析藝術作品的主要範疇，生發出藉以評判作品價值的主要標準。」[7]換言之，美學上出現的種種不同的關於藝術的理論，實際上各有偏重和強調。模仿論關心作品反映世界的關係，修辭論關心作品如何打動讀者，表現論集中在作品如何傳達藝術家的情感和思想，而客觀論則只關注藝術品本身的形式等等。不同理論所構成的起承轉合過程，就是美學思想的歷史。

由此我們可以說，藝術實際上是一個概念家族，它包括藝術品、以藝術品爲中心的現實世界、藝術家和欣賞者四個基本範疇。而對不同範疇或要素關係的強調，又構成了不同的美學理論。

在這個四要素關係的圖表中，一個值得關注的事實是，藝術品被置於中心位置，其他三要素都是透過藝術品關聯起來的。藝術品在這個結構關係中的核心位置，實際上也是它在美學理論中地位的真實反映。從四要素的結構關係來看，藝術家所以爲藝術家，是因爲他創造出藝術品，而不是其他什麼產品，所以區別於工程師、科學家、政治家和商人等。藝術品的性質決定了藝術家所從事的勞作的特殊性。因此，藝術家這個概念的本質需要由藝術品的性質來規定。同理，欣賞者也是相對於藝術品才存在的。沒有藝術品，欣賞者便不復存在。審美

主體（欣賞者）和審美對象（藝術品）是一個相對的概念，當
一個人在觀賞繪畫作品、電影或戲劇時，當他沈浸在小說所營
造的想像世界或音樂所呈現的音樂王國時，他和所觀照的對象
是同在的。或者更準確地說，他的欣賞者地位是有賴於所欣賞
的對象而存在的。一旦藝術品消失了，一旦他不再處於一個觀
賞審美對象的情境，那麼，他的審美主體角色也就隨之消失
了。另外，藝術和世界產生關聯，也是透過藝術品這個仲介環
節實現的。一方面，我們的生活世界及其種種可能性，透過藝
術家的種種想像和創意，被這樣或那樣地凝縮在藝術作品之
中。另一方面，藝術要和現實世界發生關聯，作用於社會，也
是透過藝術品這一環節完成的。這在美學上被表述為所謂藝術
的社會功能。從藝術家和現實的關係上說，他必須觀察現實，
將特定社會文化現象及其觀念凝縮在藝術品之中。於是，藝術
品成為社會的一面鏡子，或一段歷史的備忘錄，或生活的教科
書等。從欣賞者的角度說，當欣賞者進入藝術品所營造的想像
世界，也就在自覺或不自覺中接受、認可或質疑了他所面對的
藝術世界及其觀念，因而與特定的社會文化發生了精神上的關
聯。藝術也正因為這樣可以再生產出特定社會的文化及其意識
形態。從藝術生產（創作）的角度看，藝術的四要素流程關係
是：

→現實世界→藝術家→藝術品→欣賞者→
└────────回饋────────┘

這個過程表明，一切藝術創造活動起源於特定的社會文化
現實，藝術家對它進行觀察體驗，形成了具體的題材或主題，
然後經過藝術家的內心構思和訴諸表達，藝術品便應運而生，

它物化了藝術家的內心體驗和思想。一旦藝術品出現，它便對欣賞者有一種內在的訴求或召喚，換言之，藝術品本身作爲一個物化的實在物，有待欣賞者的意向性介入。只有當欣賞者面對藝術品產生了特定的交流，藝術的過程才能說完成了。而欣賞過程中，欣賞者被作品所感染，潛移默化中接受了作品的觀念，進而反過來作用於他的生活世界。

但是，如果從欣賞者的角度看，藝術的流程與上述過程似乎又顛倒過來了，它呈現爲相反的過程：

$$\rightarrow 欣賞者 \rightarrow 藝術品 \rightarrow 藝術家 \rightarrow 現實世界 \rightarrow$$
$$\longmapsto 回饋 \longrightarrow$$

這個過程表明，欣賞者是透過對具體藝術品的解讀和觀照，進而把握到藝術品獨特的意蘊和意義，爾後深入到藝術家的內在精神世界，最終進入作爲藝術創造源泉的現實世界。藝術品顯然是這一系列遞進過程的核心環節。

所以，對藝術的美學考察，還必須到藝術品中去深入分析。把握了藝術品這個核心，也就抓住了美學思考的關鍵。

何爲藝術品？

現在，我們再次回到了杜尚的《噴泉》。從某種角度看，這件所謂的「作品」實際上提出了什麼是藝術品的難題。

從常識角度說，藝術品是什麼好像並不是一個問題。藝術品就是藝術品，它就在美術館、電影院、劇院、書店或音樂廳裏。所謂藝術品，不就是那些我們稱爲繪畫、雕塑、電影、戲

劇、小說、詩歌或音樂的事物嗎？其實，這個問題絕不那麼簡單。

一旦我們進入何為藝術品的思考，一旦我們面對紛繁複雜的藝術現象，答案就會撲朔迷離起來，我們頭腦中那個看似不言自明的藝術品的觀念遂也變得可疑了，就像杜尚的《噴泉》所質疑的種種問題一樣。

首先，一件自然物（一塊石頭、一片樹葉）是不是藝術品？我們所處的現實世界中，自然物隨處可見。按照我們的傳統觀念，藝術品是藝術家創造的，是經由藝術家的構思和製作完成的。一個自然物顯然難以歸入藝術品的行列。但是，假如你把一片形狀奇特的樹葉，或一塊嶙峋多變的石頭放在美術館或家裏，或和朋友們一起欣賞，這個被我們觀照的對象可以稱之為藝術品嗎？如果不是藝術品，那麼我們為何觀賞它並從中獲得審美愉悅呢？為何在荒山郊野中的自然物不是藝術品，而把這些自然物放在一個特定的欣賞環境中，卻可以稱之為藝術品？一種可能的解釋是，我們在這些自然物中賦予了某種意義或意味。所以，一組樹根，一塊奇石，便有可能作為藝術品來加以觀賞。產於南京的雨花石便是一例。處在荒郊野外的雨花石，深埋在地下，與藝術品毫無關係。然而，一旦被挖掘出來，經慧眼發現和命名，便賦予它某種獨特的意蘊。一塊平常的石頭仿佛從遮蔽中凸顯出來，吸引了我們的注意力，給我們以審美的愉悅。這裏有一個重要的轉變，石頭還是石頭，可它所處的背景或語境不同了，我們看待它的觀念變化了。更明顯的例子是中國園林藝術中的盆景，經過藝人的精心加工，原本在自然中平平常常的樹木，便顯出別樣姿態，藝術的造型生動活潑。由此，我們可以得出一個合理的結論：藝術品是經過人

的加工或賦予特定意義或意味的物品。

　　由上述結論，我們又引申出新的問題。假使說一件純粹的自然物不能稱爲藝術品，那麼，這就意味著，凡藝術品總和人的加工製作有關。這就把純粹的自然物排除在藝術品之外，藝術品乃人爲加工的產品。新的問題接踵而至，是否一切人爲加工製作的東西都是藝術品呢？一把椅子，一件衣服，一個茶杯，是不是藝術品呢？爲什麼我們把掛在畫廊裏的繪畫作品稱爲藝術品，而很少說放在家裏桌子上的茶杯是藝術品？爲什麼我們把一本敘述了某個虛構故事的文字作品說成是藝術品（小說），而不把課本和新聞報導叫作藝術品？看來，有某種共同的東西使我們作出這樣的判斷。這共同的東西是什麼呢？

　　在美學中，藝術品和非藝術品的一個分界在於，前者是專

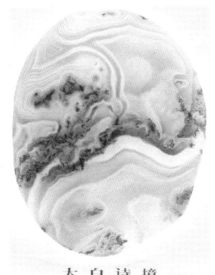

太白诗境
圖4-2　雨花石

供人欣賞而存在的，沒有任何實用功能，用比較專門的美學術語來說，就是康德所說的審美的「無功利性」。所謂無功利性，即指一件物品沒有任何實用功能而只能作爲欣賞對象而存在。與此相對，實用的物品，無論是一把錘子，抑或一件衣服，它們都有具體的實用功能，有具體的實用目標，比如錘子可用於敲擊物體，衣服可用於禦寒或社交目的。因此，這些實用物品本質上是功利性的。正因爲兩者之間的這個區別，所以，我們總是對藝術品作出「美」或「不美」的判斷，而對使用物品則常常作出「有用」或「無用」的判斷。然而，儘管這樣的區分有一定道理，可是在具體的情境中，尤其是面對複雜的對象時，我們很難加以區分。比如，繪畫作品很難說有什麼實用功能，它既不能用於敲擊物體，也不能用於禦寒，其唯一的功能就是被人所欣賞。但是，還有許多物品既是實用對象，也是審美對象。建築就是一個明顯的例子。建築一方面具有明確的實用功能，是人的居所，要符合人體工程學的要求，供人居住安息，需要特定的探光、取暖、空間區域分隔等等。不過，建築的實用功能並不影響到它作爲我們欣賞對象。紫禁城首先是皇宮，但它同時也是中國古典建築藝術的典範；帕德嫩神廟是古希臘雅典城的一個重要祭祀場所，但我們同樣可以把它當作一個代表西方建築風格和理想的藝術品來加以欣賞。於是，有的美學家修正說，實用物品同樣可以成爲藝術品。但是當它作爲藝術品被欣賞者觀賞時，人們看到的不再是它的實用功能或有用性，而是它的審美特性。比如希臘古甕，它本來是有具體的實用功能的，然而，當它作爲藝術品呈現在我們面前時，我們觀賞的是其優美的造型、協調的色彩、逼眞的人像等等。

正是在這裏，我們的思考再次轉向了杜尙的《噴泉》。也

許，這件「作品」是要有意打破實用的人工製品和審美的藝術品之間人爲的劃分，拓寬我們關於欣賞對象的範圍，讓實用的人造物在特定條件下轉變爲審美靜觀的對象。誠如他所說的那樣：「（現成物）選擇了你。假如你的選擇涉及到一個現成物，那麼，就會涉及到趣味——糟糕的趣味，良好的趣味，無功利的趣味等。趣味乃藝術的大敵。」[8]杜尚在這裏要表達的意思是，傳統的劃分藝術高下優劣的那些趣味標準在他的那些「現成物」中已不復存在了。因爲是「現成物」選擇了杜尚，而不是相反。於是，一個實用的物品與純粹用於審美觀賞的對象之間的區分也就消失了。

至此，我們可以得出第二個結論：藝術品是人造物，它包括純粹的審美對象，也包括兼具審美和實用功能的物品。一件人工製品是否成爲藝術品，取決於我們在什麼場合以及對它採取什麼態度（審美的還是實用的）。在得出這個結論的同時，我們還得補充說，成爲藝術品和什麼樣的藝術品是兩種不同的判斷。杜尚的《噴泉》在特定條件下可以成爲我們觀賞的對象，這並不意味著它是一件有很高藝術價值的藝術品。誠如迪基所指出的：「杜尚的『現成物』作爲藝術品價值並不高，但是作爲藝術的範例，它們對藝術的理論卻極有價值。」[9]

接下來的問題是，作爲欣賞者，我們是如何把一件人造物或賦予意義的自然物視爲藝術品的呢？換言之，我們是依據什麼原則授予一件物品藝術品的資格呢？一件非洲原始雕塑或一件貴州少數民族儺戲的原始面具，原本是作爲原始宗教儀式或崇拜物而存在的，現在放在美術裏展出，我們細細地品味著這些「作品」獨特的造型和色彩，它們在我們的觀照中成爲審美對象，成爲藝術品。難道是作爲欣賞者的我們賦予一件人造物

圖4-3　原始面具

以藝術品的資格和地位？這問題涉及到更加複雜的藝術品的社
會制度問題。

　　顯然，一個原始面具被置於美術館供人觀賞，這不但是因
為有人去看而賦予面具以藝術品的資格，而且在具體的欣賞者
前往美術館之前，它已經從許許多多的相似或相近的物品中被
挑選出來作為藝術品加以陳列了。看來，使一件物品從實用的
或非審美的對象中脫穎而出的不是某一個人，而是一種制度性
的活動。舉杜尚的例子，即使他再富有創造性，他把小便池送
去作為美術作品展出，如果沒有人理會他的用心，也沒有人從
中看到傳統藝術品觀念的局限，那麼，這件物品便會從人們關
於藝術品的觀念中一筆勾銷。雖然最初這件物品被展覽會拒絕
了，但後來卻被美術界所接納，這本身就表明，賦予一件物品
以藝術品資格的乃是藝術界或藝術共同體。

藝術界（art world or community）的概念最初是由美國哲學家丹托提出的，後來逐漸成爲現代美學的一個關鍵字。所謂藝術界實際上是指，藝術活動是一種諸多人或多種角色參與合作的活動，這些人擁有相似或一致的美學觀念和理解，用迪基的話來說就是：

> 藝術界是若干系統的集合，它包括戲劇、繪畫、雕塑、文學、音樂等等。每一個系統都形成一種制度環境，賦予物品藝術地位的活動就在其中進行。可以包括在藝術的總概念名下的系統不可勝數，每一主要系統又包括一些次屬系統。
>
> 藝術界的中堅力量是一批組織鬆散卻又互相聯繫的人，這批人包括藝術家（亦即畫家、作家、作曲家之類）、報紙記者、各種刊物上的批評家、藝術史學家、文藝理論家、美學家等等。就是這些人，使藝術界的機器不停運轉，並得以繼續生存。此外，任何自視爲藝術界一員的人也是這裏的公民。[10]

依據迪基的看法，正是藝術界將某個物品授予藝術品的資格。所以他說，藝術品的定義有兩個涵義：(1)人工製品；(2)代表某種社會制度（即藝術界）的一個人或一些人授予它具有欣賞對象資格的地位[11]。這就是說，一定的社會文化透過其藝術的制度化程序，授予特定的人造物以藝術品的資格，於是，這樣的作品便被當作藝術品來加以欣賞了。

這種說法可以用科學活動來加以類比地說明。一種理論如何被科學界（或科學共同體）所承認，即是說，一種哪怕是開始被當作「異端邪說」的理論，後來如何被科學界當作科學的

理論加以接受的呢？科學哲學的一些發現有助於我們理解這個
問題。科學哲學家庫恩發現，科學理論總是以「範式」的方式
存在和交流的，範式有兩個意義：第一，範式代表了一組被某
個共同體所共有的信仰、價值觀、技術；第二，範式具有發展
潛能，可以取代傳統的規則。這裏的一個關鍵因素的共同體，
依據庫恩的看法，共同體對科學家而言，有三個層次，首先是
一切自然科學家；其次是物理學家、化學家、天文學家、動物
學家，他們構成了一些專業集團；第三個次集團是更加專門的
專業集團，諸如有機化學家、分子化學家等[12]。正是這樣的科
學家共同體使得科學理論得到確立、流傳和發展。新的科學知
識不斷地導致科學共同體的範式的變革，進而形成科學革命的
結構和歷史。如果我們用這種視野來透視藝術界，情況很相
近。在藝術家共同體內，首先是一切藝術家和藝術愛好者或理
論家等，其次是不同門類的藝術家，諸如作家、畫家、音樂
家、戲劇家等，再低一個層次是各門藝術之內的藝術家群體，
如作家中的詩人和小說家，畫家中的國畫家或西洋畫家等。而
科學共同體中的「範式」，則相當於藝術界裏的藝術品，恰如科
學共同體授予某一範式以科學理論的資格一樣，藝術共同體也
同樣地授予某個人造物以藝術品的地位。至此，我們可以合乎
邏輯地得出第三個結論：藝術品是特定時期和文化中作爲社會
制度的藝術界所授予的特定事物的一種資格。

　　由此，我們可以引申出更多的有關藝術品的理論。歷史上
經常出現的情況是，每當新的藝術品出現時，它常常具有和當
時的藝術界及其社會制度相對抗的特徵，因而往往不被當時的
藝術界所認可。即是說，藝術創新常以「異端」的面目出現，
中國文學史上幾乎每一種新的文體和風格問世，都有其艱難的

逐漸被認可的歷程；西方藝術史這類例子也極多，杜尚便是一例。所以古人常常發出這樣的感慨：「榮古陋今，人之大情也。……（詩人）在時，人亦未甚愛重，必待身後，然後人貴之。」[13]法國藝術家羅丹亦有同樣的感慨：「許多偉大的藝術家……在他們生活的年代裏，他們的藝術才能往往不受到重視，一直要到以後才獲得勝利，甚至是一個很長的時期。」[14]這種說法涵義深刻，一方面，它表明藝術的制度本身具有某種保守性或惰性，它常常會拒斥新的藝術及其新風格；另一方面，它又揭示了一個規律，即藝術的社會制度本身又是自我調節，不斷發展變化的，今天不被授予藝術品資格和地位的作品，明天或後天則有可能被認可。這就合理地引申出第四個結論：藝術品的概念是歷史的、發展的、不斷變化的，並不存在適用於一切時代、一切文化的普遍的藝術品概念。

　　說藝術品的概念是發展變化的，這就等於說藝術品的概念是開放的。每個時代都有其美學觀念，它制約著人們把什麼視為藝術品。以上我們得出了四個結論：(1)藝術品是經過人的加工並賦予特定意義或意味的物品；(2)藝術品是人造物，它包括純粹的審美對象，也包括兼具審美和實用功能的物品；(3)藝術品是特定時期和文化中作為社會制度的藝術界所授予的特定事物的一種資格和屬性；(4)藝術品的概念是歷史的、發展的、不斷變化的，並不存在適用於一切時代、一切文化的普遍的藝術品概念。簡言之，這四個結論標示了藝術品的人工性、審美對象性、社會文化屬性和自身的開放性。

註　釋

[1]引自托姆金斯，《達達怪才：馬塞爾‧杜尚》，上海人民美術出版社，
　　2000年版，第153-154頁。

[2]同上，第156-157頁。

[3]同上，第348頁。

[4]John A. Fisher, *Reflecting on Art*, Mountain View: Mayfield, 1993, p.121.

[5]《美學》，第18、13頁。

[6]艾布拉姆斯，《鏡與燈》，北京大學出版社，1989年版，第5頁。

[7]同上，第6頁。

[8]引自 *Reflecting on Art*, p.120.

[9]迪基，〈何為藝術？〉，載李普曼編，《當代美學》，光明日報出版
　　社，1986年版，第109頁。

[10]同上，第109、111頁。

[11]同上，第110頁。

[12]Thomas S. Kuhn, *The Structure of Scientific Revolutions*, Chicago:
　　University of Chicago Press, 1970, p.175, 177.

[13]白居易，〈與元九書〉，《中國歷代文論選》一卷本，上海古籍出版
　　社，1979年版，第143-144頁。

[14]《羅丹藝術論》，人民美術出版社，1978年版，第129頁。

關鍵詞

藝術　藝術品　藝術家　欣賞者　現實

風景

5. 這不是一隻煙斗

　　藝術中的想像在於為一個存在的東西找尋最完整的表現，但絕不想像出或創造出這個對象本身。

　　美的東西是在自然中，而它以最多種多樣的現實形式呈現出來。一旦它被找到，它就屬於藝術，或是可算是屬於發現它的藝術家。只要美的東西是真實的和可視的，它就具有它自己的藝術表現。而藝術家無權對這種表現增添些東西。他玩忽它，就有歪曲以致削弱它的危險。作為自然所提供的美，是比藝術家的所有的傳統優越的。

　　　　　　　　——庫爾貝《給學生的公開信》

　　古代「畫龍點睛」的故事對你來說並不陌生。話說梁武帝崇尚裝飾佛寺，命畫家張僧繇作畫。畫家在金陵安樂寺畫了四條白龍不點睛。每每人們要他點睛，他都說：「點睛即飛去！」人們都不相信他的話，極力要求他點睛。於是，兩條白龍點睛之後乘著雷電破壁騰飛而去。這個故事可作多種詮釋。這裏，我們不妨把點睛的和未點睛的白龍作一比較。未點睛者仍不是生動活潑的白龍，一俟點睛，它便有了自己的生命，活靈活現地飛走了。

　　西方亦有類似傳說，古希臘神話中的皮格馬利翁，對自己的一座少女雕像鍾愛有加，日夜傾慕。皇天不負有心人，他的愛慕居然有一天使得雕像「活」了過來，他那深沈的愛情得到了回報。這個題材在西方藝術史上被不少畫家描繪過，皮格馬利翁每日雕鑿那少女塑像，使之逼眞而又嫵媚動人。

　　兩則故事雖無關聯，我們卻可以尋找到某些潛在的意味。一旦點睛，畫的白龍便成了眞龍，因為它太像龍了；只要精心雕飾，並把她當作有生命的少女，塑像也會生命勃發。換句話說，無論畫龍抑或塑像，只要神情逼眞，假的也會變假成眞。

　　藝術眞有如此「畫龍點睛」的力量嗎？藝術眞有將石像變眞人的秘訣嗎？帶著這些疑問，我們走向又一扇窗戶。

　　窗外是另一番美學的風景。藝術與世界的模仿關係或再現關係呈現出來。你在觀看這些風景時，別忘了時時調動自己的心智，尋找思索的樂趣。

模仿的快感

從以上兩個傳說中，我們似乎可以引申出許多美學問題。

細細想來，畫龍點睛和皮格馬利翁的故事有一些共通之處，但也有明顯的差異。在日常生活中，白龍完全是想像的產物，而少女則是真實的存在。這似乎在提示我們，藝術的功能就是如此奇妙，它可以描摹實在世界中並不存在的事物，反映出人們心中的觀念性的存在，比如龍或神，也可以逼真地描繪出現實的存在，從少女到帝王，從山水到花鳥。

進一步的追問是，藝術具有準確無誤的模仿功能嗎？它是否可以模仿一切存在和不存在的事物？這就涉及到一種古老的美學理論——模仿論。

模仿，從字面意義上，是指「照某種現成的樣子學著做」。簡單的分析表明，模仿實際上是一個關係概念，它是指照A的樣子去做出B。需要特別注意的是，A和B是兩個事物，而且B和A之間有某種相似關係。畫龍點睛的故事說的是畫家照「龍A」的樣子去畫「龍B」，這個「龍A」也許只是一個想像性的存在，不過它亦有自己的特徵、形態，只要照著這些特徵和形態來畫，點睛後白龍便可活靈活現飛去，這是一種模仿。皮格馬利翁的故事，說的是皮氏把雕像「少女B」當作真實存在的「少女A」來塑造，逼真的塑造加之愛慕之情使之獲有生命。「少女B」也是依照著現實世界「少女A」的形體和模樣來塑造的，同樣是一種模仿。

說到模仿，可以談論的事情太多了。你首先想到的也許就

是，人就是一種會模仿的動物，小孩會模仿大人的行為，運動員透過模仿來掌握某種運動技巧，仿生學就是模仿生物的形態和功能的一門學問。藝術更少不了模仿，你在美術館裏常常看到，一些初出茅廬的畫家，在大師名作面前久久駐足，臨摹這些傑作，從中悟得藝術的門道，這是模仿；更常見的情景是，畫家跨越崇山峻嶺，搜盡奇峰打草稿，還是模仿。

在希臘，模仿論是一種流傳得極為普遍的美學觀念，一切藝術均源自模仿，而所謂藝術也就是「模仿的技藝」。德謨克利特堅信，人是透過模仿鳥兒的鳴囀才學會唱歌的；亞里士多德則乾脆強調，模仿是人區別於動物的一個標誌。不但藝術，甚至一切知識都是透過模仿才產生的。所以，他得出結論說，模仿乃出於人的天性，它給人帶來快感和知識，所以諸如悲劇這樣的模仿性的藝術才得以出現。柏拉圖在《理想國》中說道，荷馬以來的一切詩人均是模仿者。

模仿不但是哲人的總結，更是藝術家的實踐。博物學家普林尼曾說過一則生動的故事，這個故事表明了在希臘藝術家看來，什麼樣的藝術才是上乘的值得稱道的藝術。據說希臘畫家宙克西斯和巴哈修斯比試，看誰畫畫的本領更高。宙克西斯畫的是一幅以葡萄為主題的靜物畫，模仿得唯妙唯肖，非常逼真，因而鳥兒經過都誤以為是真的葡萄，飛下來啄食。宙克西斯得意洋洋，陶醉在自己絕妙的模仿技藝之中，滿以為此次比賽勝券在握。接下來發生的事情極富戲劇性，畫家巴哈修斯拿出了自己的畫，幕簾覆蓋著畫面。此刻，迫不及待想要獲勝的宙克西斯高聲嚷嚷著：「現在是我們的對手巴哈修斯拉開幕簾展示他的畫的時候了！」當他轉身動手去拉畫面的幕簾時，方才發現自己上當了，因為畫面上的幕簾完全是巴哈修斯用油彩

畫上去的。尷尬的宙克西斯只好俯首稱臣，拱手把勝利讓給巴哈修斯。他不得不承認自己比不上巴哈修斯，因為他模仿的畫只騙過了鳥兒的眼睛，而巴哈修斯模仿的畫則騙過了畫家的眼睛。這則軼事耐人尋味。中國藝術史上也不乏類似的故事。據說梁興國寺多雀，鳥糞堆積在佛頂，眾僧驅之不去。於是請來了畫家張僧繇，畫家在東西壁上各畫了一隻鷹和一隻鷂，怒目相視。打這以後，鳥雀便不敢再來。這則傳說也是騙過鳥兒的眼睛，另一則傳說是騙人的眼睛。相傳東吳畫家曹不興為孫權畫屏風，不小心多了個墨點，於是畫家將錯就錯，乾脆畫成一隻蠅。後來將屏風呈孫權，孫權見了後，便舉手彈之，以為真是一隻蒼蠅。

上述故事值得玩味的地方不少。首先，從故事中我們可以得知，畫家技藝的高低是以模仿是否逼真、為標準的，技藝高超的畫家所畫的畫一定讓人看上去像是真的一樣，就是說，越是逼真，越是肖似，就被看作是技高一籌。其次，就辨別繪畫的逼真性而言，畫家的眼睛才是最敏銳、最精確的，騙過鳥兒的技藝顯然遜色於騙過畫家眼睛的技巧。第三，模仿性的繪畫，往往能造成一種效果，那就是以假亂真。葡萄和幕簾都不是實物而是畫，但卻往往使觀者產生實物的幻覺，或者說，錯把假的當成真的。這已透露出美學上的模仿論的一些要點。

模仿論確立了藝術和現實的複雜關係。如果我們把真的葡萄和幕簾當作實在物，而把描繪葡萄和幕簾的繪畫視為這些實在物的藝術符號，從實物葡萄，到畫面葡萄，這個轉換昭示了藝術和現實的複雜關係。一方面，畫的葡萄可以逼真地摹寫實物葡萄，這表明，藝術作為一種表現方式，可以真實客觀地展示現實世界的實際樣態。這就意味著，藝術與現實的關係是一

種復現關係，模仿的本義——「照現成的樣子去做」，也就是按照事物本來的面貌去反映。藝術與現實的這種模仿關係決定了藝術可以揭示現實世界的眞實面貌，所以，藝術具有眞理性。模仿的關係實際上表明，「現成的樣子」是被模仿的對象，也就是說，實物葡萄是被模仿的對象，而繪畫則是模仿物，兩者之間的逼眞摹寫關係體現爲實物與藝術符號之間的相似性。需要特別注意的是，這種相似性是以實物葡萄爲中心的，也就是說，是畫面上的葡萄與實物葡萄相像，而不是相反。於是，模仿關係的重心在現實世界本身是確鑿無疑的，而且評判繪畫優劣高下的唯一標準也是畫是否接近實物。

　　另一方面，我們從畫面中辨識出葡萄，而不是其他什麼，這也說明，觀衆在欣賞藝術品時，是帶著自己的日常經驗來判斷藝術品。宙克西斯最後敗給巴哈修斯，原因是他把後者生動描畫的幕簾當作眞的幕簾。從畫家角度說，他模仿技藝高超，畫得如此唯妙唯肖；從觀衆角度說，他所以錯把假幕簾當作眞幕簾，那是因爲他的日常生活中積累了有關幕簾爲何物的經驗，使他作出了那是眞的幕簾的判斷，否則他是不會說拉開簾子看畫的。這又回到了上面所說的畫的葡萄與實物葡萄的一致性或相似性問題上來了。亞里士多德曾論述模仿的兩個根源，一是出於人的本能，二是出於認知的快感。他寫道：

　　　　一般說來，詩的起源仿佛有兩個原因，都是出於人的天性。人從孩提時候起就有模仿的本能（人和禽獸的分別之一，就在於人最善於模仿，他們最初的知識就是從模仿得來的），人對於模仿的作品總是感到快感。經驗證明了這樣一點：事物本身看上去儘管是引起痛感，但唯妙唯肖的

圖象看上去卻能引起我們的快感，例如屍首或最可鄙的動
物形象（其原因也是由於求知不僅對哲學家是最快樂的
事，對一般人亦然，只是一般人求知的能力比較薄弱罷
了。我們看見那些圖象所以感到快感，就因為我們在一面
看，一面在求知，斷定每一事物是某一事物，比方說，
「這就是那個事物」。假如我們從沒有見過所模仿的對象，
那麼我們的快感不是由於模仿的作品，而是由於技巧或著
色或類似的行為）。[1]

這裏，你一定注意到亞里士多德指出的一個事實，在面對
模仿性的藝術作品時，欣賞者所以獲得快感，原因之一在於他
從作品中辨識出人物或事物，從中獲得一種認知的快感。比
如，面對羅中立的油畫《父親》，一張典型的、熟悉的老農的面
龐，那布滿人世滄桑的皺紋，那充滿期盼而又富有故事的眼
神，那厚實而生滿老繭的大手，每一個細節都顯得那樣逼真和

圖5-1　羅中立的油畫《父親》

細緻。欣賞者在畫中首先是辨識出畫的人物，然後感受到強烈的情感意蘊。更進一步，面對這樣的寫實作品，認知的理解會轉化爲審美的判斷，而這一判斷的根據往往又和作品模仿的逼眞性高低有關。越是逼眞的作品越是引起明確的認知快感，一方面使得欣賞者獲得明確的圖象資訊，另一方面又使欣賞者歎服於畫家卓越的模仿能力。於是，依據模仿論的美學觀，藝術品的審美判斷標準便和模仿的眞實性密切相關。美的標準和眞的標準在這裏是統一的，如詩人濟慈優美的詩句：「『美即眞，眞即美。』此即汝等世上所知的一切，以及汝等需知的一切。」

　　審美的發展心理學研究，從另一個側面證實了這種現象。根據美國心理學家加德納的經驗研究，一個人從初生伊始到長大成人，其心理發展要經歷五個不同階段。其中七至九歲是第三階段，叫做「寫實主義高峰期」。在這個階段，孩子在對欣賞對象作判斷時，常常把眞實模仿確定爲唯一的要求，孩子對任何藝術品的評判，往往以是否逼眞地模仿了熟悉的事物爲標準。比如，一張畫了一所房子的畫，如果將房子加以抽象變形，孩子便會作出消極否定的判斷，認爲該畫畫得不好；如果房子畫得很寫實、很逼眞，那麼，孩子就會給予肯定和較高的評價。這表明，這一時期兒童的審美判斷的唯一依據就是相像或相似。不僅在造型藝術上，而且這個原則甚至在藝術的其他門類中也起作用。比如，當加德納用「響亮的領帶」這句詩來詢問孩子時，得到的回答是「領帶怎麼會響亮呢？只有聲音才響亮」[2]。眞實的原則又一次制約了判斷。這表明，在個體審美發展心理學上，人必經一個恪守寫實或模仿原則的階段，在這個階段，一切藝術品的審美判斷均以是否眞實模仿對象爲標準，或者說，這一時期孩子的審美偏愛就是眞實。值得注意的

是，到了第五階段（十三至二十歲），青少年不再恪守一個標準，而是多重標準。倘使說在第三階段是堅持絕對主義的話，那麼，到了第五階段轉向了相對主義。

假如說個體的審美心理發展在一定程度上印證了種系發展過程的話，也許我們可以推測出一個看法：正如個體要經歷一個寫實主義階段一樣，在人類藝術的發展歷程中，這樣的寫實模仿階段也必不可少。如果我們把這個猜測和黑格爾關於藝術史類型的理論結合起來，便會有新的發現。在黑格爾那裏，藝術的發展經歷了象徵型、古典型和浪漫型三個階段。象徵型藝術的特徵是外在的物質形式壓倒精神內容，古典型藝術的特徵是物質形式和精神內容的和諧統一，而浪漫型藝術則走向另一個極端，是精神內容溢出物質形式。象徵型的原始藝術是表徵人類童年的藝術類型，恰如兒童畫所表現出來的特徵，往往是簡單的、質樸的和高度象徵性的；而古典藝術則標示了一種以模仿寫實為原則的藝術類型，它體現出內容與形式的和諧，也許和個體心理發生的寫實主義高峰期相對應；到了浪漫藝術，精神的內容無法找到恰當的物質形式來加以表達，所以藝術呈現為對形式規則的顛覆，這也許和個體心理歷程中的相對主義階段對應。古典藝術中的許多代表作，從希臘雕塑到文藝復興繪畫，從希臘悲劇到現實主義小說，應該說，寫實的原則是壓倒一切的。

從模仿到再現

模仿說是最古老的美學觀念之一，到了文藝復興時期，鏡

子說頗爲流行。鏡子這個器具典型代表了模仿說的基本理念。鏡子是一個虛空的反射物，它本身並無任何物像，但是卻可以準確無誤地映射出世間萬事萬物。恰如莎士比亞所說，戲劇家的任務就是拿一面鏡子，映照出人世間三教九流各色人等。

　　模仿說雖然道出了藝術和現實的複雜關係，卻也有所局限。在模仿說中，藝術家的地位是微不足道的，他們不過是跟著現實後面的亦步亦趨的「奴僕」，他們的角色恰似鏡子一般，只是虛空的、被動的記錄者，自己一無所有。進一步，在模仿說中，藝術品以及藝術的表現力也是無足輕重的，因爲到頭來藝術品要看像不像眞實物，才能臧否定奪。你也許發現，其實藝術創作的實際情況並非如此。藝術家的角色遠不是微不足道的，藝術技巧和作品本身亦不是無足輕重的。在看似被動的模仿行爲中，包含了許多複雜的創造性發現和表現，蘊含了藝術家個人的體驗和風格。同是山水畫大師，范寬的作品與倪瓚的作品大相逕庭；同樣是畫墨竹，吳鎮的《墨竹譜》和顧安的《墨竹圖》也迥然異趣；同時描摹女性人體，安格爾和馬蒂斯的作品可謂天壤之別。這充分表明，藝術家的模仿並不是依樣畫葫蘆，而是創造性地再現實在世界。看來，我們對藝術與現實的關係的理解尚需進一步深入。

　　德國畫家里希特在其自傳中說過一件趣事。一次，他和另外三個畫家一起去風景勝地蒂沃利。當他們到達時，碰到一批法國藝術家在寫生，這些法國畫家用粗略的筆法和大塊的色彩在畫布上塗抹，這種粗魯的畫風激怒了里希特等德國畫家。他們決心反其道而行之，立志要精確地記錄下每個細節，分毫不差。「我們對每一片草葉、每一條細枝都愛不忍棄，堅持巨細不遺。人人都盡其所能把母題描繪得客觀如實。」然而，當他

們傍晚休息比較各自的畫稿時，才驚異地發現各人的畫是如此懸殊，在情調、色彩、輪廓等方面差異巨大，各有特點。這四位畫家於是交流了各自的心得，並探討了不同的個性是如何影響著他們的繪畫的，比如，帶有憂鬱氣質的畫家往往突出了藍色調等[3]。

　　爲何里希特等四位畫家竭盡全力地忠實描繪所見到的場景，但卻畫出了全然不同的景觀？這顯然表明，畫家絕非一面被動的鏡子，左拉說得好，一件藝術品乃是「透過某種氣質所看見的自然一角」。用中國的老話來說，「文如其人」；用法國作家布封的話來說，「風格即其人」。

　　也許，我們應該把藝術家的「模仿」視爲一個更爲複雜的「化合」過程，其中客觀的物像和主觀的體驗，相互交織，彼此作用，因此形成了極富變化的形態。特別值得思考的一點是，當攝影出現後，繪畫並未消失。如果說繪畫的功能就是客觀地記錄，那它永遠趕不上攝影來得逼眞，而且簡單便捷。這一事實表明，繪畫，乃至一切藝術，它們的功能顯然不只是客觀地記錄（當然，攝影本身也不是純粹客觀地記錄，它也包含了許多「化合」的過程）。清代著名畫家鄭板橋的一段話頗有啓迪，他寫道：

　　　　江館清秋，晨起看竹，煙光日影露氣，皆浮動於疏枝密葉之間。胸中勃勃遂有畫意。其實胸中之竹，並不是眼中之竹也。因而磨墨展紙，落筆倏作變相，手中之竹又不是胸中之竹也。總之，意在筆先者，定則也；趣在法外者，化機也。獨畫雲乎哉！[4]

　　在這段話中，鄭板橋揭示了繪畫乃至所有藝術複雜而充滿

了差異和變化的過程。畫家提到了畫竹過程中的三種竹的形態：「眼中之竹」、「胸中之竹」和「手中之竹」。當他晨起「看竹」時，產生了「眼中之竹」；隨後胸中湧起「畫意」，此乃「胸中之竹」，最後「落筆倏作變相」，形成了「手中之竹」。畫家反覆強調，「眼中之竹」不同於「胸中之竹」，而「胸中之竹」又迥異於「手中之竹」。其中層層複雜的「變相」使得藝術摹寫現實充滿了玄機和變數，絕對不同於鏡子照射事物的簡單過程。試想一下，假如在藝術的創作過程中，真實的竹子和「眼中之竹」、「胸中之竹」和「手中之竹」完全一致，沒有差異和變化，那麼，藝術創造便失去了驅使人去探究和發現的動力，將蛻變爲簡單複製的過程，變得索然無味了。正是因爲存在著差異和變化，這種非同一性使得藝術創造富有生氣和發展的可能性，進而使得畫家在描畫世界時不是被動摹寫，而是充滿了無限可能性。而鄭板橋「意在筆先」的說法，更是昭示了藝術的摹寫不是亦步亦趨地模仿，而是一種主動的發現和探索。所以有美學家聲稱：「藝術是『創造』而不是『模仿』，這種觀念眾所周知。」[5]至此，我們便逐漸離開了簡單的模仿說，進入到更爲複雜的再現論了。

「再現」這個概念的英文是"representation"，《牛津最新英語詞典》的界定是：再現什麼就是描繪或刻畫什麼，借助描繪或刻畫或想像在心中喚起該物；就是將某物的相似性呈現在我們心中和感官裏；比如這句話：「這幅畫再現了凱因謀殺了阿貝爾。」柏拉圖在《理想國》中就談到再現，他認爲一幅畫就是一種再現，因爲畫重現了一個對象形象的外觀。比較地說，從模仿論到再現論，反映了美學思考的深化。有的美學家指出，模仿說總是透過把作品同作品之外的現實相比較而得出優

劣判斷，因而它所證明的不是藝術品自身的屬性，而是某種外在的標準和規範。這樣一來，模仿說便完全忽略了藝術品自身的審美屬性和特徵，它的唯一參照系就是被模仿的對象本身。而再現論的提出有其合理性，它關注的是藝術描畫現實事物的特性和能力，是藝術品自身的美學特質，其重心在藝術而非被模仿的外在事物[6]。這麼來看，再現論更符合美學思考的要求，因爲它更多的是關心作爲再現形式的藝術是如何來表徵外在世界的，以及其內在的美學規律何在。於是，再現論將藝術品的判斷轉化爲一個審美判斷，而不是一種簡單的相似或相像關係的評價。

「這不是一隻煙斗」

　　一九二九年，比利時超現實主義畫家馬格利特畫了一幅名爲《形象的叛逆》的畫。畫面中央是一個巨大的煙斗，而畫面下方則寫了一行法文：「這不是一隻煙斗」。幾年以後，馬格利特又畫了一幅更具迷惑性的作品，題爲《雙重之謎》。畫面的左上方有一個懸浮著的煙斗形象，右下方立著一個畫架，上面擺著一幅畫，就是一九二九年的那幅《形象的叛逆》。不知你看了之後有何感想？你不妨猜測一下畫家在畫裏究竟要表達什麼？

小資料：再現

　　再現就是呈現了某物，這是老生常談。所以，詞語、句子、思想和圖象也許都被視爲再現，儘管它們呈現事物的方式

是全然不同的。再現是一個哲學上令人困惑的關係。比如這個
例子：X再現了Y這句話，看起來表達了兩個事物之間的關
係。但是，兩個事物之間關係的存在不過是無謂地表明它們存
在而已，對再現的關係來說並非如此：一個圖象、一種思想或
一個句子可以再現希臘神話中特洛伊王子巴里斯的裁定（the
Judgement of Paris），即使事實上並不存在這樣的事情。然而，
誰能否定所有再現實際上都呈現了什麼呢？

——《牛津哲學指南》（牛津大學出版社，1995年版）

　　這是兩幅極有趣的畫。《形象的叛逆》有一個令人困惑的
判斷，畫面上明明畫了一隻煙斗，可是畫家又用文字否定了所
再現的形象。這幅畫曾經引起許多哲學家和美學家的興趣，以
至於像傅柯這樣的哲學大家還以此為題寫了一本書。
　　在《形象的叛逆》這幅畫中，你一定注意到存在著一個明
顯的矛盾，那就是畫面形象陳述與畫面文字陳述之間的否定關

圖5-2　《形象的叛逆》
　　文中法語文句意為：「這不是
一隻煙斗。」

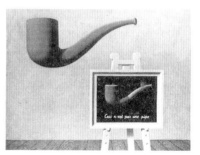

圖5-3　《雙重之謎》

係。畫面中央呈現出一個巨大的煙斗,這個形象告訴你為何物,只要你用日常生活經驗來判斷即可:這是一隻煙斗。可是,畫家又在畫面下方的文字敘述中,給出一個判斷句:「這不是一隻煙斗。」形象再現與語言再現(敘述)之間出現了巨大的對立,兩者彼此抵消。畫的形象是肯定的:這是一隻煙斗;文字敘述則是否定的:這不是一隻煙斗,這便導致了觀看的迷惑。於是,我們從這個形象與語言之間的矛盾中,引申出再現的第一個重要問題:再現與被再現物之間的複雜關係。也許,畫家要提醒我們注意:這是一幅描繪一隻煙斗的畫(藝術作品),是一個煙斗的形象(藝術)符號,但它絕不是煙斗本身(亦即不是作為實物的煙斗)。所以,從這種解讀來看,的確「這不是一隻煙斗」。

　　就像杜尚的《噴泉》意在質疑我們關於何為藝術品的觀念一樣,馬格利特的用心也是挑戰我們的欣賞習慣。因為當人們觀看任何一件繪畫作品時,語言的習慣用法總是和形象再現之間有某種複雜的糾纏,語言總是以判斷的方式確證我們所見到的形象。比如我們欣賞羅中立的《父親》,當一個老農淳樸憨厚的形象映入我們眼簾時,語言便會給出判斷:這是一個老農。所以,觀看馬格利特的《形象的叛逆》,你會很自然地作出這樣的判斷:這是一隻煙斗。問題在於,上述看畫的自然傾向,亦即語言確證形象的傾向消解了某種重要的差別,那就是所畫的煙斗和真實的煙斗之間的差異在語言確證中被抹去了。也許,馬格利特在這幅畫裏執意要凸顯的正是這種差異的存在,只不過他是用語言和形象之間的對立來達到的。他提醒我們,畫面上的煙斗並不是一隻煙斗的實在,而是一個煙斗的藝術符號或藝術再現。由此我們引申出一個重要的美學問題,在藝術中,

被表現的對象與表現物之間並非同一個事物。一幅關於煙斗的畫絕不是煙斗本身，忽略了兩者的差異，也就丟失了藝術存在的根據。在一幅畫中，我們欣賞的是表現煙斗形象的藝術，是藝術再現的微妙性，而不是一個實物煙斗本身。如果我們要看煙斗本身，不如直接去看實物好了。藝術的再現把實物的某些側面呈現出來，在這種呈現中，畫家必有所強調又有所省略，凸顯了某些現實中被我們忽視的細節和特徵。更重要的是，藝術家在其再現中傳達了某種他對再現事物的看法，這是我們直接觀看實在物本身所沒有的。所以，再現並不是簡單的摹寫和重現客觀事物，而是包含了更多的東西，正是這更多的東西才使得再現有其必要性。卡西爾說得好：「藝術家選擇實在的某一方面，但這種選擇過程同時也是客觀化的過程。當我們進入他的透鏡，我們就不得不以他的眼光來看待世界，仿佛就像我們以前從未從這種特殊的方面觀察過這個世界似的。」[7]

從更加廣義的美學來看，「這不是一隻煙斗」還涉及到審美態度。據說抗戰時期在延安上演《白毛女》，激動的觀眾義憤填膺，衝上舞臺為喜兒報仇，狠揍扮演惡霸黃世仁的演員；法國作家司湯達也記錄了同樣的事情，當莎士比亞的悲劇《奧賽羅》演到奧賽羅掐死心愛的戴斯德蒙娜時，一個劇院的衛兵竟氣憤地向扮演奧賽羅的演員開了一槍。假如我們知道「這不是一隻煙斗」的道理，這樣的行為便不會發生了。所以德國戲劇家布萊希特反覆強調，他的史詩劇核心在於陌生化或間離效果。通俗地說，他是要讓觀眾時刻意識到自己是在看戲，舞臺上發生的一切並不是現實生活，只是舞臺上的表演而已。「這是在演戲」（布萊希特）和「這不是一隻煙斗」（馬格利特）這兩個命題的意義是一樣的，它們都涉及到藝術的一種審美功

能。至此。我們已觸及到再現論的一種解釋模式——幻覺論。依據幻覺論，任何藝術的再現都是使欣賞者產生一種仿佛真實的幻覺，好像眼前被再現的事物就是那個事物本身。那些衝上舞臺狠揍黃世仁的觀眾，就是把戲劇的幻覺當作真實的體驗了，所以混淆了戲劇情境和現實情境的區別。再比如，中國畫中所謂「計白當黑」，就是充分運用了這一點。在齊白石的許多作品中，並未畫出水波漣漪，小魚小蝦嬉戲遊弋在空白中，但有經驗的觀眾會想像地填補這些空白，將其視為充滿了清澈溪水的真實空間。所以，中國美學的許多命題，諸如在似與不似之間、虛實相生等等，都是利用了這個原理。

由此，我們可以看到再現範疇豐富的美學意義，首先，再現是一種藝術表現，它不等同於被再現是事物本身。藝術的再現所營造的是一個審美的想像世界。第二，再現會喚起欣賞者真實的感覺，這種感覺與面對真實事物時的體驗是相近的。唯其如此，藝術才作為一種替代不在場的事物而發展起來。肖像畫使已逝去的人歷歷在目，風景畫把人們從未去過的美景呈現在眼前，小說記錄了過去的歷史事件，詩歌凝聚了對詩人特定時刻的情感體驗等等。試想一下，如果沒有這些藝術的再現，人類歷史將會變得多麼乏味，我們的文化記憶會多麼貧乏，而我們的體驗也會多麼的有限。正是藝術再現彌補了這個不足，擴展了我們的眼界，讓欣賞者在更加廣闊的時空裏多次體驗。

讓我們再來仔細審視一下馬格利特的另一幅畫《雙重之謎》。這幅畫是畫中有畫。在畫面上有兩個煙斗形象，一隻煙斗在畫面左上方，不在畫中的那個畫框內，我們稱之為煙斗A。畫家仿佛是要告訴觀眾，「這是一隻煙斗」。另一隻在畫面上的

一個畫框內，我們稱之爲煙斗B。畫家的意圖似乎是要告訴觀
衆，煙斗B是一隻畫出來的煙斗，亦即「這不是一隻煙斗」。從
再現的角度來思考，煙斗A看似是一個眞實的煙斗，而煙斗B
則像是煙斗A的再現形象，這兩者的關係構成了畫的第一重奧
秘。不僅如此，畫家還另有所圖地設計了另一個奧秘。馬格利
特透過這幅畫與畫中畫的隱喻關係迷惑了觀衆，在煙斗A和煙
斗B中區分出再現物（煙斗B）和被再現物（煙斗A），但這重
關係卻掩蓋了一個事實，那個在畫中畫框子外面的煙斗A，本
身也仍是畫中呈現的煙斗形象，只不過它是整個畫面中的一個
煙斗形象而已。即是說，它仍然「不是一隻煙斗」。畫家留給觀
衆的是一個更加複雜的提問：那畫中畫的煙斗（B）顯然不是一
隻煙斗，那麼，那畫中的煙斗（A）該怎樣判斷？這雙重之謎頗
具迷惑性。其實，畫面上壓根兒就沒有眞實的煙斗，那個煙斗
A仍是畫中的煙斗形象。也就是說，「這不是一只煙斗」的判
斷仍然適用於煙斗A。

　　從這幅畫複雜的意味中，我們可以進入再現論的另一種解
釋模式──象徵論。依據象徵論，所謂的藝術再現實際上是符
號指稱過程。馬格利特的《雙重之謎》，利用兩個不同的煙斗形
象以及它們與其背景的複雜關係，昭示了符號再現的意指特
性。從符號學角度看，任何符號總是在指涉或指稱某種事物或
場景，我們說到「紅色」時，是指稱一種暖色；我們說到繪畫
時，是指稱一種藝術類型。同理，繪畫借助色彩、線條、形狀
和構圖，也表徵了特定的事物、人物或場景。《雙重之謎》中
的煙斗形象，作爲符號指稱了日常生活中的一件器具──煙
斗。但它們並不是煙斗，只是煙斗這個事物的形象符號。象徵
論指出，符號的指涉意義是要受到它所屬的特定符號系統的制

約，換言之，意義不是獨立自足的，它有賴於特定的符號情境或語境。在這幅畫中，畫家營造了兩個空間，一個是整個畫面的空間，它是在一間房子裏，有牆壁，有地板，有深度，其中懸浮著一個巨大的煙斗；另一個空間則是這個房子裏立在畫架上的畫框裏的畫，這幅畫構成一個大空間中的小空間，它是獨立的。前一空間仿佛是開放的、真實的，後一空間顯然是封閉的、想像（繪畫）的。於是，在這兩個空間中出現的同樣的符號便具有了全然不同的意義。煙斗Ａ處於真實的空間中，這個煙斗便被視爲一個真實的煙斗；煙斗Ｂ處於一個繪畫再現的形象位置上，當然也就被視爲一個煙斗的形象符號。你在看這幅畫時，一邊在看，一邊在認知，並不斷調動自己的日常經驗來參與形象符號的辨識和確認，從而獲得畫面所傳達的意義及其理解。但這只是繪畫象徵解讀的第一層含義。

　　接下來還有另一層解讀，那就是，雖然畫面構造了兩個不同空間，但它們又都屬於《雙重之謎》這幅畫的空間，煙斗Ａ所處的開放真實空間其實和煙斗Ｂ所處的封閉虛擬空間一樣，都是《雙重之謎》這幅畫的繪畫空間，它仍然是封閉的、虛擬的。因此，其中我們在第一層解讀中得出的認知判斷和形象確認，在第二層解讀中又被否定了。這是該畫的第三個語境，即整個畫面的語境，它涵蓋了前面兩個語境。而這幅畫真正的奧秘，就在這三重解讀及其複雜意義的把握上。可見，藝術的再現絕不是簡單的重複和摹寫現實世界的樣子，藝術家採用藝術符號來再現，其中有許多值得玩味的「謎」。

　　是不是呢？你不妨再仔細審視這幅畫，也許會有更多的發現。

再現、媒介與藝術門類

　　以上我們用了較多篇幅分析繪畫的再現問題，其實，再現並不只是像繪畫或雕塑這樣的造型藝術才有的美學問題，嚴格地說，再現是一個普遍的美學問題，它蘊含在各門藝術之中。

　　再現這個概念不但突出了藝術與它所描繪的外部世界的密切關係，而且強調了藝術再現本身的手段。因此，藝術的再現必然牽涉到藝術的媒介。我們知道，不同的藝術各有不同的表現媒介：詩歌和小說依賴於語言來描摹事件和情感，繪畫則靠色、形、線來刻畫事物，雕塑要用不同的材質（青銅、泥或大理石等）來表現人物形象，戲劇則離不開演員的形體動作和台詞，音樂的基本媒介則是聲音等。由此可見，不同的藝術要求不同的再現手段。亞里士多德在《詩學》中曾提到，不同的藝術可以依據三個不同的方面來加以區分，那就是「模仿所用的媒介不同，所取的對象不同，所採用的方式不同」[8]。這第一個方面就是媒介。

　　美學家布洛克認為：「在對藝術的知覺中，既需要注意它使用的媒介物，又要注意它再現的物體。藝術品並不僅僅是呈現一個物體，它還要展現一個藝術家運用某種藝術媒介對這個物體的描繪或轉譯。假如僅從媒介物本身便看出它代表的物體，那還要藝術家幹什麼？因此，藝術就存在於這兩種因素（媒介和再現物）的緊張作用中，離開兩者中的任何一個，藝術便不再存在。」[9]這段話很值得琢磨。用特定媒介來表徵事物乃是一切藝術家都必須面對的事實。媒介與再現物實際上有一個

矛盾，那就是再現物往往掩蓋了媒介的存在。換言之，這個矛盾也可以視為內容（題材）和形式之間的矛盾。再現物（內容或題材）往往集中了人們的注意力，使得欣賞者關注它再現了什麼，而忽略了如何再現（形式和媒介）。布洛克所說的「媒介和再現物」的緊張關係，的確是藝術的奧秘所在。正是在對這種緊張關係（張力）的不同把握中，藝術家的個性和創造性的發揮有了廣闊的空間。

這種張力的確存在。一方面，再現物有一種壓倒或掩蓋媒介的傾向；另一方面，媒介又彷彿要突破再現對象表現出它們自己的存在。即是說，在不同藝術家那裏，再現始終是和他對媒介的理解和掌握聯繫在一起的。藝術家去再現一個世界，總是要受到他所運用的藝術媒介的誘導和規定。詩人習慣於從語言上來描繪世界，畫家則是以線、形、色來描畫世界，音樂家則以樂音來表達他對這個世界的感悟。

不同的藝術有不同的媒介，不同媒介構造了藝術與現實的再現關係。同時，不同的媒介也造就了不同藝術之間的差異。這就涉及到美學上的一個重要問題：藝術的分類。從經驗中我們知道，詩歌與繪畫不同，音樂和舞蹈有別，戲劇迥異於電影。從學理上說，再現是一切藝術的屬性，即是說，每一種藝術都可以再現現實世界。但是，由於媒介的差異，由於藝術再現方式有所區別，不同的藝術也就體現出不同的再現性或再現特徵。比如說，繪畫等造型藝術很自然地趨近再現，無論中國畫抑或西洋畫，再現性都是一個顯而易見的傾向。較之於繪畫，音樂似乎較少再現性，因為音樂是透過樂音材料來表現的，而聲音媒介顯然沒有造型媒介那樣具有廣闊的再現性。樂音要模仿再現的範圍是極其狹窄的。繪畫和音樂的比較給我們

一個啓示，那就是各門藝術之間在再現的程度上是不同的。換言之，再現性程度的高下可以將不同的藝術門類區分開來。

所以，有的美學家順著這個思路來爲藝術分類，他們主張將藝術分爲兩大類：一類是所謂模仿的藝術，它們傾向於再現；另一類是自由的藝術，它們是非再現性（表現性）的。德國美學家德索就以這樣的尺度來區分藝術，他把藝術分爲兩類：模仿藝術（聯想明確的藝術和具有現實形式的藝術），包括雕塑和繪畫，以及敘事詩；而自由的藝術是聯想不明確的和不具有現實形式的藝術，主要有建築和音樂。法國美學家蘇里奧則以模仿和抽象爲兩極，區分了不同藝術類型。在他看來模仿的藝術包括：素描、雕塑、再現性繪畫、攝影、電影、啞劇、詩歌文學、歌劇和描寫性音樂；而抽象藝術主要有：裝飾性圖案、建築、純粹繪畫、舞臺照明、舞蹈、詩律學、音樂等。

更進一步，不僅藝術門類之間有再現與非再現性之別，甚至在同一藝術內部，由於題材和樣式的差異，亦可體現出再現程度的差異。比如人們通常將文學區分爲三個主要領域：敘事類、戲劇類和抒情類。比較起來，敘事類和戲劇類往往趨向於再現，因爲小說和戲劇本身帶有明顯的寫實性。小說敘述可以講述故事，塑造人物形象，編撰情節，構造人物矛盾衝突，這都可以按照生活本來的樣子來組織。戲劇亦是如此。較之於小說和戲劇，抒情詩就顯得較少再現性了，因爲抒情詩著力於詩人情感的抒發，關注詩人的體驗，雖也對外部世界有所描繪，但都服務於揭示其內在精神世界。同理，以繪畫爲例，並非所有的繪畫都是再現性的，繪畫自身的發展歷史證明了這一點。在原始藝術中，許多原始圖騰和形象帶有高度的象徵性和抽象性；而現代主義藝術中，傾向於表現主義和抽象主義的流派也

相當多。在這種傾向中，我們看到了繪畫的再現性被有意降到了最低限度，諸如表現主義和抽象表現主義等派別即如是。

　　說到這裏，我們的目光已經進入了另一個美學範疇——表現了。

註　釋

[1]亞里士多德,《詩學》,人民文學出版社,1962年版,第11頁。

[2]參見周憲,《走向創造的境界》,吉林教育出版社,1992年版,第66頁。

[3]參見貢布里希,《藝術與錯覺》,浙江攝影出版社,1987年版,第72-73頁。

[4]《鄭板橋集·題畫》。

[5]貢布里希,《藝術與人文科學》,浙江攝影出版社,1989年版,第22頁。

[6]參見布洛克,《美學新解》,遼寧人民出版社,1987年版,第70頁。

[7]卡西爾,《人論》,上海譯文出版社,1985年版,第185頁。

[8]《詩學》,第3頁。

[9]《美學新解》,第89頁。

關鍵詞

模仿　再現　藝術與現實的關係　相似性　藝術媒介　藝術分類

風景 6. 詩可以怨

「詩可以怨」也牽涉到更大的問題。古代評論詩歌，重視「窮苦之言」，古代欣賞音樂，也「以悲哀爲主」；這兩個類似的傳統有沒有共同的心理和社會基礎？悲劇已遭現代「新批評」鄙棄爲要不得的東西了，但是歷史上占優勢的理論認爲這個劇種比喜劇偉大；那種傳統看法和壓低「歡愉之詞」是否也有共同的心理和社會基礎？

——錢鍾書《詩可以怨》

在上一節裏，我們透過「再現」這個視角，透視了那種把藝術逼眞摹寫現實視爲藝術宗旨的觀念。這是一種相當古老的美學見解，但另一觀念也有久遠的歷史，那就是表現說。在中國美學史上，表現說的種種形態不勝枚舉。隨著現代藝術的崛起，再現的美學觀逐漸受到了挑戰，藝術實踐也越來越青睞表現說。於是，表現逐成爲現代美學的一個重要範疇。當然，嚴格地說，表現和再現其實不分先後，在不同文化和不同歷史階段，我們都可以看到兩種對應的美學觀念的互動，它們是美學思考的兩極。

下面，就讓我們打開「表現」這扇窗戶，去品味美學風景的另一番意味吧！

書藝之道

每個民族都有自己獨特的文化個性，它往往就鮮明地體現在其獨特的藝術形態中。所以，藝術乃是民族特性的象徵。

說到西方藝術，最先聯想到的常常是希臘的雕塑、史詩和悲劇；說到埃及藝術，常想到雕刻、壁畫和金字塔；至於非洲藝術，原始雕刻和面具是當然代表。每個民族都有自己代表性藝術類型。

那麼，中國藝術如何？不消說，我們的抒情詩在世界上可算是首屆一指了，中國建築也是風格獨特，戲曲的民族特點更是彰明，國畫迥異於西洋畫，等等。我們可以找出許多代表中國文明特性的藝術類型，但要說出一種中國所獨有而且集中體現了中國美學特徵的藝術，恐怕非書法莫屬了。宗白華先生說

得好：「中國樂教衰落，建築單調，書法成了表現各時代精神的中心藝術。」[1]李澤厚先生也認為，在中國文化史上，漢字形體逐漸獲得了獨立於符號意義的發展路徑後，便出現了更加純粹的線條美，它超越了彩陶的抽象幾何紋樣，演變成更加自由和多樣的曲直運動和空間構造，表現出種種形體姿態、情感意興和氣勢力量，「終於形成了中國特有的線的藝術：書法」[2]。

書法作為一種獨特的藝術，雖是漢字排列，卻和識字關係不大；雖有文字意義，但書法主要不是為了傳達文字意思；雖然書法中有一些模仿的象形，但它根本不是書法表現的主旨。那麼，書法作為一種藝術的存在理由是什麼呢？那就是表現！關於這一點，宗白華說得十分精闢：

> 西晉大書家鍾繇論書法說：「筆跡者界也，流美者人也，非凡庸所知。見萬象皆類之，點如山頹，摘如雨線，纖如絲毫，輕如雲霧，去者如鳴鳳之遊雲漢，來者如遊女之入花林。」這是說書法用筆也通於畫意。唐代大書家李陽冰說：「於天地山川得其方圓流峙之形，於日月星辰得其經緯昭回之度。近取諸身，遠取諸物，幽至於鬼神之情狀，細至於喜怒舒慘，莫不畢載。」這是說書法取象於天地的文章，人心的情況，通於文學的美。雷簡夫說：「余偶晝臥，聞江漲聲，想其波濤翻翻，迅駛掀搖，高下蹙逐奔去之狀，無物可以寄其情，遽起作書，則心中之想盡在筆下矣。」是則寫字可網羅聲音意象，通於音樂的美。唐代草書宗匠張旭見公孫大娘劍器舞，始得低昂回翔之狀，書家解衣盤礴，運筆如飛，何嘗不是一種舞蹈。中國書法是一種藝術，能表現人格，創造意境，和其他藝術一樣，

尤接近音樂的、舞蹈的、建築的抽象美（和繪畫、雕塑的
具象美相對）。[3]

由此來看，書法作為中國藝術的典範，突出體現出藝術的
表現性。所以，也有學者以書法為證，認為中國藝術由此偏重
於表現，不同於西方藝術偏向於再現。更進一步，書法所代表
的這種藝術表現性，不僅鮮明地體現在書法藝術中，而且廣泛
地蘊含在各門藝術之中。換言之，表現乃一切藝術所具有的特
徵，所不同的是程度差異而已。「書法是一種藝術，能表現人
格，創造意境。」這一表述道出了普遍的美學情由，那就是藝
術總是和主體的精神世界密切相關。從艾布拉姆斯的藝術四要
素理論來看，如果說再現論突出了藝術品與現實世界的逼真描
繪關係的話，那麼，表現論則以藝術品與藝術家的內心世界表
達為重心；如果說再現論要解決的是外部客觀世界的真實摹寫
的話，那麼，表現論則突出了藝術品如何強烈地傳達出藝術家
的情感、觀念或精神氣質。

所以，透過「表現」這個視角，美學風景的另一個層面鮮
明地呈現出來。

情感與藝術

表現是一個日常生活中常用的詞語。一個人工作盡職，成
績卓著，你可以說他工作表現得很好；一個學生學習努力，成
績優異，你也可以說他學習方面表現得不錯。一個人遇到高興
的事情，滿臉笑容地哼起小曲兒，人逢喜事精神爽，你會說他

表現得很開心；相反，一個人遇到悲哀的事，愁眉苦臉，打不起精神，你會說他表現得很低沈。由此可見，表現是我們日常生活中極為常見的現象。

從語義上說，表現指的是透過行為或其他事物表示呈現出來；心理學認為，表現是指內心的情緒狀態透過外部動作或表情呈現出來，比如喜怒哀樂都會有不同的表情和動作。在美學上，表現這個概念具有相當重要的意義。它涉及到藝術家的內在精神狀態如何透過藝術形式或符號傳達出來，這類論述在中國古典美學中俯拾即是。《詩大序》的說法很有代表性：「詩者，志之所之也，在心為志，發言為詩。情動於中而形於言。言之不足，故嗟嘆之；嗟嘆之不足，故詠歌之；詠歌之不足，不知手之舞之，足之蹈之也。」這段話的意思說，詩歌是人情志的表現，從內心的激動到發言為詩，就是一個由內向外的過程。如果詩歌不足以表達情懷的話，就慷慨感嘆；如果仍不足以表達，便引吭高歌；還是不行的話，便手舞足蹈。這段話一方面說明，詩歌、音樂和舞蹈皆源於人內在的情志表達之需要；另一方面又表明，各種不同的藝術在表達情感的直接性和強度上有所不同，頌詩、嗟嘆、詠歌、舞蹈，似乎一個比一個更直接表達情感意緒。中國古代藝術大都主張這樣的情感表現美學觀，無論詩歌詞賦，抑或書法繪畫，還是音樂戲曲。比如，用情感表現的尺度來評價臧否是中國古代詩學常見的做法，而且情感的表達方式極富變化。南宋范晞文評述杜詩寫道：

老杜詩：「天高雲去盡，江回月來遲。衰謝多扶病，招邀屢有期。」上聯景，下聯情。「身無卻少壯，跡有但

羈棲。江水流城郭，春風入鼓鼙。」上聯情，下聯景。
「水流心不競，雲在意俱遲。」景中之情也。「卷簾唯白
水，隱幾亦青山。」情中之景也。「感時花濺淚，恨別鳥
驚心。」情景相融而莫分也。「白首多年疾，秋天昨夜
晾。」「高風下木葉，永夜攬貂裘。」一句情一句景也。固
知景無情不發，情無景不生。[4]

　　情景交融，一切景語皆情語，一切情語皆景語，情景名二
實一，這是中國古典詩學的基本美學觀。這也就是說，詩乃是
情感的真摯表現，不但詩如此，一切藝術均是如此。

　　從西方藝術角度看，這種表現的理論亦很有影響，特別是
在現代藝術中。有人問畢卡索，他那些令人驚歎的作品是如何
畫出來的？如何用色？如何構圖？如何修改？大師的回答十分
簡單：他是隨著創作時情感的跌宕起伏的變化來選色作畫的，
色彩與情感之間有一種內在的關聯。康定斯基的看法更是明
確，他認為，藝術品是橋樑，它把藝術家的情感蘊含其中，然
後再傳達給欣賞者，使他們感受到同樣的情感。所以，藝術的
完整過程就是：情感（藝術家的）→感受→藝術品→感受→情
感（觀賞者的）。在他看來，情感的成功表現乃是藝術的真諦。
藝術家和觀眾「這兩種情感在成功的藝術作品中是相似的和等
同的。在這一點上，一幅畫完全無異於一首歌曲──二者都表達
和溝通了情感。成功的歌手能引起聽眾感情的共鳴，成功的畫
家也絲毫不會比他遜色。內在因素，即感情，它必須存在；否
則藝術作品就變成贗品。內在因素決定了藝術作品的形式。」[5]

小資料：表現

表現是美學理論中一個關鍵概念——尤其是在浪漫主義的理論中：表現的理論由克羅奇和柯林伍德做了最系統的闡述。在那些把表現看作重要解釋作用的地方，藝術作品不僅僅描述或呈現了種種情感，它們更爲直接地傳遞出藝術家非常特殊的内心狀態和情感，因而使得欣賞者也能夠體驗到。對柯林伍德來說，藝術家典型地是從他所體驗到混亂的觀念開始的：他的創造性勞作逐漸明晰了這種觀念並使之確定下來。

然而，情感的傳達和喚起對欣賞來說並不重要。確切地說，表現理論中眞確的是被微妙地描述成情感特質的載體，即活生生的人類生命的「感受」——即是說，這些特質是「表現性的」，這也是我們所以珍視它們的部分原因所在，但是，並非所有這些特質都令我們感興趣，在藝術中，使我們感興趣的所有特質也不都是表現。形式的價值是獨特的和迴然異趣的，所以，觀看塵世的別一種方式也就展現出來。

——《牛津哲學指南》（牛津大學出版社，1995年版）

情感（或情緒）是人類最常見的現象。喜怒哀樂、七情六慾構成了我們生活的繽紛色彩。從哲學上說，情感是人理解世界的一種方式。我們在自己的行爲中總是呈現出某種情緒狀態，失敗或失意導致否定的情緒，成功則產生了肯定的情緒等。在這個意義上說，情感是我們在世界上的一種樣態、一種體驗。有心理學家指出，情感是對感覺的主觀補充，當感覺形成複雜的狀態時，便會產生情感。情感具有特定的質和形態，

它呈現爲三個不同維向：(1)愉快—不愉快；(2)緊張—鬆弛；(3)興奮—抑制。每一種情感都可以從這三個方面加以分析。

　　情感雖是我們最常見的現象，但問題在於，藝術活動中的情感與日常生活中的情感有無區別？關於這個問題，歷來存在著不同看法。心理學家主張沒有區別，一切情感都是主體生理或心理的反應，都會導致一定的身心狀態（呼吸、心跳、血壓、面部表情等變化）。美學家的看法則有所不同，他們認爲，藝術活動中的情感是一種形式化的、有距離的審美情感或幻覺情感。因爲藝術的情境是一個虛擬的、想像性的情境，所以，在藝術中產生的情感不再是個體切身的、功利的情感。這一點很重要，唯其如此，在審美狀態下，一切情感都不再是個人切身的直接情感。經由某種藝術媒介來傳達，一方面主體把它當作眞實的情感來體驗（無論是藝術家還是欣賞者），另一方面又是有距離的，是欣賞性的，它在你心中造成一種幻覺。正是由於這些特殊性，藝術中表現的情感就超越了個體直接經驗，帶有明顯的開放性、公享性和距離感。也正是在這個意義上，我們可以在藝術中欣賞到人類的各種複雜情感，它們超越了個人情感生活的狹小範圍。哲學家卡西爾說得很形象：

小資料：情緒

　　顯然，在英語中情緒（來自拉丁語「感動」）意味著一個強烈情感的內在狀態，它常常伴隨著生理的變化。依據經典的行爲主義，一個外在事件直接引起了情緒反應，這是先在的條件反射的結果；從認知療法的觀點來看，具有特定意義的事件決定了情緒反應；在精神分析理論中，情緒是所出現的一個內在

刺激：一種衝動或無意識的欲望；人類學對情緒視野很開闊，
從情緒社會的或公開的流露，到力圖發現決定人性事務的心理
學方法。

——《布魯斯伯里人類思想指南》（布魯斯伯里出版公司，
1993年版）

　　貝多芬根據席勒的《歡樂頌》而作的樂曲表達了極度
的狂喜，但是在聽這首樂曲時我們一刻也不會忘掉《第九
交響曲》的悲愴音調。所有這些截然對立的東西都必須存
在，並且以其全部力量而被我們感受：在我們的審美經驗
中它們全都結合成一個個別的整體。我們所聽到的是人類
情感從最低的音調到最高的音調的全音階；它們是我們整
個生命的運動和顫動。[6]

　　第二個問題是，情感在藝術活動中屬於哪個範疇？「表現」
這一說法實際上已經標示了問題所在。「表現」至少說明了兩
個問題：第一，藝術家有某種需要表露或外化的內心狀態，無
論是情感抑或思想；第二，既然是表現，就必須借助某種媒介
來表現，所以不同於日常生活中的情感表現，我們稱爲藝術表
現或審美表現。但是，有些藝術表現又總是和藝術品聯繫在一
起的，因爲藝術家並不一定總是在場，比如繪畫或小說（表演
藝術另當別論）。欣賞者與藝術家之間的交流是透過藝術品這個
仲介展開的。說表現也就是說藝術品表現了什麼。情感是人的
一種內心狀態和體驗，怎麼作爲物化對象的客觀的藝術品也表
現了情感呢？從美學角度來說，不僅藝術品有表現問題，甚至

自然也有表現問題。比如大江東去，旭日東昇，表現了一種積極的、激動人心的氣魄和力量；而秋風落葉，萬象蕭瑟，則表現了一種淒涼哀婉的愁情。這方面中國古典詩歌中有許多例證。誠然，我們可以用移情說來加以解釋，將其說成是主體情感投射到對象中所致。但是，從直觀經驗上看，情感似乎就蘊含在客觀物之中，所以才有表現的問題。解決這個問題有三種方式，一是把情感直接看成是主體的範疇，與客體無關。第二種看法是認爲情感就在藝術品甚至自然現象中，因爲作品本身已經構成一個獨立的對象。這就轉向了形式及其表現性研究。第三種思路是把情感視爲審美意象範疇，意象並不單純是主體或客體，而是在一種動態過程中主客體之間形成的「第三物」，是從藝術家經由藝術品再到欣賞者的一個互動過程。藝術表現的情感在這個過程中來尋找和解釋，顯然更爲合理。

　　第三個問題涉及到藝術或審美情感的某些特性問題。在日常生活中，情感是常常一己偏私的，最隱秘、最奇特情感往往是最具個性的。這就引出了一個矛盾。一方面，藝術家的情感是私密的，另一方面它又必須傳達出來而具有普遍的共用性。如何來看待這個矛盾呢？美學上大致有兩種看似對立的看法，一種認爲藝術的情感應該是藝術家獨特的、非同一般的情感，越是獨特便越是具有審美價值。過於普通和常見的情感往往缺乏藝術上的感染力和新奇感，不符合美學要求。相反，另一種看法認爲，過於奇特偏狹的情感往往喪失了審美傳達的普遍有效性，變得怪異難解，因而無法被廣大欣賞者所共用。換言之，普遍共享的通常是人類共通或共有的情感，是一些經過昇華和提煉的普遍的情感類型。兩種看法似乎都有道理，在不同的藝術作品中各有不同的證據。我想，這裏兩種看法其實並不

矛盾,個性化的情感體驗經過藝術的表現,可以昇華到普遍共享的境地;在共享中我們仍能體會到不同藝術家那獨特的情感體驗和表達。在這個藝術的昇華過程中,個性化的情感也獲得了普遍性的特性。比如,《紅樓夢》所描繪的生活顯然是獨特的,寶黛之間的愛情悲劇獨具個性,但經過曹雪芹獨特的藝術表現,這些原本獨特的情感過程不再是特異偏私的了,而是轉而成為人們都可以共用的一種狀態。這裏,重要的是情感如何來藝術地加以表現。

美學中的另一個爭論是,藝術中的情感或審美情感應該是明晰的,還是朦朧的?對此也存在兩種不同看法:一部分美學家主張,藝術的情感為了能使欣賞者理解,應該是清晰的和明確的,比如英國美學家柯林伍德;而另一些美學家則認為,藝術的情感之魅力就在於其朦朧含混,這種模糊性和非明確性並不影響到欣賞者的接受,反而使得欣賞更加雋永和耐人尋味,比如說美國美學家朗格。舉詩歌為例,有的詩情感明晰確定,表達了詩人比較單純、明確的內心體驗;有的詩(比如所謂「朦朧詩」)則比較曖昧含混,情感並非單一明晰,同樣也是好詩,讀來意味無窮。看來,清晰也好,朦朧也好,都不是好詩的唯一條件。藝術本是一個巨大的容器,人類各種情感都可以在其中熔煉昇華。重要的問題在於,藝術的情感不是雜亂的、無序的和粗糙的,它們在藝術的過程中被形式化了,提升到了可交流、可理解和可共用的程度。所以,藝術中的情感表現必然和藝術的形式問題糾結在一起,這也許就是情感的藝術表現的關鍵所在。

情感與形式

　　中國古代詩學認爲，一切景語皆情語，景物描寫總是對應著情感表現，所謂情景交融；畢卡索的經驗之談表明，情感與色彩之間有某種默契協和。這些都說明，情感是透過外化的具體媒介來傳達的，恰如喜怒哀樂有不同表情一樣，複雜的藝術形式與情感亦有複雜的關聯。

　　我們知道，人的臉和形體是最具表情性的，前面我們提到了中國古典美學中關於吟詩、嗟嘆、詠歌和舞蹈的說法，最強烈地表達情感的也許是人的形體語言了，所以手舞足蹈在最後。人臉是人體中最具表情性的部分，日常經驗告訴我們如何辨別臉部表情。心理學家把人的面部表情區分爲三種狀態：愉悅、中性和不快（見**圖**6-1）。

　　顯然，人臉五官線條的不同傾斜方向，傳達出不同的情感

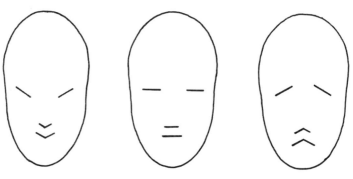

圖6-1　**人的面部表情**
（P. Vitz, *Modern Art and Modern Science*, p.169）

狀態。當人愉悅高興時，積極的情感性質使眼角和嘴角均向上提，而悲哀不快的消極情感狀態正相反，眼角和嘴角則向下撇，而平行則表現了中性的不動情的狀態。誠然，我們對面部線條變化的表現性的理解較多地依賴於日常經驗和聯想，但這至少說明，線條本身也有傳達情感的功能。有一位美國學者曾做過一個有趣的實驗，他想知道在舞蹈中，悲哀和歡樂的情緒是如何體現在形體動作中的。他要求一組舞蹈學院的學生，分別即興表演出悲哀、力量和夜晚等主題。結果發現，所有舞蹈演員在表現同一主題時所展現的動作具有高度的一致性。比如，在表現悲哀的主題時，所有演員的動作看上去都是緩慢的，每個動作的幅度都很小，而且動作造型往往呈現出扭曲的形態，張力較小。這些動作的方向很不穩定，不斷變化，整個身體似乎是在自身的重力支配下運動，而不是在一種自主的力量支配下活動。於是，他得出了一個結論：「應該承認，悲哀這種心理情緒，其本身的結構式樣在性質上與上述舞蹈動作的結構式樣是相似的。一個心情十分悲哀的人，其心理過程也是十分緩慢的，……他的一切思想和追求都是軟弱無力的，既缺乏能量，又缺乏決心，他的一切活動看上去也都好像是由外力控制著。」[7]

從以上兩個例子來看，情緒好像和形體動作之間有著某種對應性。不僅是形體和表情，從美學上說，情緒與純粹的形式因素本身之間亦有對應關係。唯其如此，所以藝術家在表達自己特定的情感體驗時要選擇相應的形式來傳達。抽象繪畫大師保羅·克利曾畫過一個教學用的草圖，以線條來傳達悲哀不快的情緒，這幅線描草圖典型地展示了壓力導致的不安和不快。尤其是人物背部的曲線，在受到壓力後呈現出彎曲狀，與上述

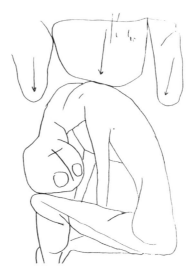

圖6-2　克利《重負》

（P. Vitz, *Modern Art and Modern Science*, p.177）

舞蹈表現悲哀情緒時動作大都扭曲的形態是一致的（見**圖**6-2）。

　　從更加廣闊的美學視角來看，不僅人的形體、面容和線條具有明顯的表現性，甚至自然或無生命的事物也有某種情感的表現性。如果我們細讀一下馬致遠的《天淨沙》，不難發現詩中所選意象似乎都有一種相似的情緒表現性，那就是都傳達出一種愁苦淒涼的意緒：

　　　　枯藤老樹昏鴉，小橋流水人家。古道西風瘦馬。夕陽西下，斷腸人在天涯。

　　這首小令描寫了浪跡天涯的遊子的情懷，所選意象在情緒

上帶有明顯的消極意味，諸如「枯藤」、「老樹」、「昏鴉」、「古道」、「西風」、「瘦馬」、「夕陽」、「斷腸人」等等，這些消極頹敗的意象集合在一起，構成了一種詩意的氛圍，它控制了整個詩的總的情調和性質。如果把它與王昌齡《從軍行》相比較，不難發現，後者的意象帶有豪邁激壯的情懷，所選意象多粗獷有力，恢宏壯闊，進而構成一種壯士的英雄豪氣：

> 青海長雲暗雪山，孤城遙望玉門關。黃沙百戰穿金甲，不破樓蘭終不還。

這表明，無論詩歌繪畫，抑或音樂建築，情感與形式之間的確存在著某種內在關聯。所以古人云：「春山如笑，夏山如怒，秋山如妝，冬山如睡，四山之意，山不能言，人能言之。」（惲南田）還可以再舉一個生動的例子。希臘建築是「柱子的藝術」，多利克柱式帶有崇高、粗獷和有力的風格特徵。德國美學家李普斯發現，這種柱子結構從縱向看，自下而上逐漸變細，挺拔而有力，它托起建築的門楣，結果構成了一種反抗重力的「向上升騰」的力量；朝橫向看，重壓之下，石柱不但沒有瓦解散落，而且產生了一種「凝成整體」的堅實感。李普斯解釋說，這實際上是一種「移情作用」，是欣賞者在觀照這些對象時將自己的情感體驗投向對象。依據這種理論，情感與形式之間的關係，本質上是從人到對象的情感移入過程。因之，審美的欣賞不只是對一個對象的欣賞，同時也是對自我的欣賞。因為我們在希臘多利克石柱中看到了人自身的偉岸和力量，看到了不斷向上升騰的衝動。一切沒有生命的物體所以給人以生命力洋溢的感受，所以充滿活力，皆源於主體自身的情感的移入。

當然，也有的美學家不同意這種看法，認為移情說完全忽

略了對象形式自身的美學價值。為什麼對多利克石柱會有這樣的感受，而面對科林斯或愛爾尼奧柱式，就沒有這樣的體驗呢？顯然，從美學上思考這個問題，還必須深究形式與情感的複雜關係。這就涉及到美學上著名的卡西爾－朗格的情感形式理論。依據這種理論，藝術是本質上一種人類情感的表現，這種情感經過藝術的賦形而完成，在這個過程中藝術突出了人的情感和生命力，但它是透過賦予特定的形式來表現情感的。朗格認為，藝術的本質在於這種情感形式，也就是生命的形式，所以，藝術乃是人類情感的表現形式。朗格寫道：

> 藝術品是將情感（指廣義的情感，亦即人所能感受到的一切）呈現出來供人觀賞的，是由情感轉化成的可見的或可聽的形式。它是運用符號的方式把情感轉變成訴諸人的知覺的東西，藝術形式與我們的感覺、理智和情感生活所具有的動態形式是同構的形式，正如詹姆斯所說的，藝術品就是「情感生活」在空間、時間或詩中的投影，因此，藝術品也就是情感的形式或是能夠將內在情感系統地呈現出來供我們認識的形式。……藝術形式是一種比起我們迄今所知道的其他符號形式更加複雜的形式。……我們這裏所說的形式，就是人們所說的「有意味的形式」或「表現性的形式」，它並不是一種抽象的結構，而是一種幻象。在觀賞者看來，一件優秀的藝術品所表現出來的富有活力的感覺和情緒是直接融合在形式之中的，它看上去不是象徵出來的，而是直接呈現出來的。形式和情感在結構上是如此一致，以至於在人們看來符號與符號表現的意義似乎就是同一種東西。正如一個音樂家兼心理學家說的：

「音樂聽上去事實上就是情感本身」，同樣，那些優秀的繪畫、雕塑、建築，還有那些相互達到平衡的形狀、色彩、線條和體積等等，看上去也都是情感本身，甚至可以從中感受到生命力的張弛。[8]

唯其如此，你才能在筆走龍蛇的書法中感悟到藝術的人格力量，才能在唐詩宋詞中把握到詩人們生生不息的精神脈搏，才能在貝多芬《第九交響曲》中體會到人類完美和諧的博大胸懷，才能在梵谷的《向日葵》裏體認到一種生命力的洋溢和激盪。因爲藝術形式並不是孤立的和無意義的，它們深蘊著藝術家對世界的理解和體驗，包容了複雜的情感質調，並強有力地透射出來，使欣賞者的心靈受到震撼。

這樣的體會，你一定有過。仔細回憶一下，多少次，在藝術的表達中你動過情；多少回，由藝術形式那強烈的情感衝動引起共鳴。這就是審美的奧秘，藝術的魅力！

情感的藝術表現

情感無處不在，表現司空見慣。但這裏，我們關心的是情感的藝術表現，或者說藝術的情感表現，它與日常生活中的情感表現有所不同。情感的藝術表現，指的是情感不是體現在日常的形態中，而是呈現在藝術作品之中，透過藝術的手段來表現。所以，這種情感表現是藝術化的，有藝術性的。藝術的情感表現，還指的是所表達的情感，不再是粗糙的、混亂無序的原始情感，而是經過藝術化的或藝術的形式化的情感。所以朗

格才說藝術是人類的情感形式。

英國浪漫派詩人華茲華斯認為，詩是強烈情感的自然流露。這個浪漫主義的信條不僅可以用於描述詩，而且適用於一切藝術。但是，強烈情感是如何在詩中自然流露呢？其實，在藝術創造過程中，有許多值得深究的現象。顯然，情感的藝術表現絕不像日常生活中，你我有了喜怒哀樂，立即在行為、表情或動作中呈現出來。既然是藝術的情感表達，就有藝術化的要求。而這些要求不可避免地對情感本身提出了要求。換言之，情感如何融入作品之中，其中有不少門道。

首先，我們碰到的問題是，藝術家如何調整自己的情感以適於藝術創造。雖然我們說藝術的情感不是一種直接的、切身的情感，它是經由藝術媒介展開的想像性情境中的情感，但對藝術家來說，他如何將自己在日常現實中真切的情感轉化為藝術的情感呢？有幾個現象引起我們對這一問題的關注。第一，有很多藝術家都說過這樣的話，他們在情感異常激動時無法進行創作。所以，創作的最佳時機並非激情澎湃之時，而是等激情逐漸退去，在寧靜的回憶中進入創作。華茲華斯這樣敘說了他的創作經驗：「我曾經說過，詩是強烈情感的自然流露。它起源於在平靜中回憶起來的情感。」[9]柴可夫斯基也說過相同的話，他的許多作品都是在一種「追憶」的狀態下完成的。在中國古典美學中，有一種強調藝術創作時必須「虛靜」的理論，所謂「虛靜」，亦即內心必須澄明虛空，平靜而安寧，如古詩所云「空故納萬境」。這就是說，心裏掛念的東西太多了，過於激動或波動，是不利於藝術創作的。這表明，對藝術創造來說，並不是任何情感狀態均可進入創造佳境，情感需要一定的沈澱、間離和淡化。

　　第二，心理學的發現也證實了上述看法。心理學在考察人的情緒狀態的不同強度與操作效率之間的關係時，發現一個重要的規律，過於強烈的情緒會妨害工作的操作效率。相反，並非有些美學理論所聲稱的，情感越強烈，形象越鮮明，藝術創造效果越好。處於一種「心境」（即溫和的中等強度的情緒狀態）才最有利於提高操作的效率。這就意味著，適合藝術創造的情感是經過沈澱和間離的情感，而非當下的直接情感。

　　第三，在情感與形式和技巧之間，也存在著複雜的張力。有的美學家注意到，在藝術創造過程中，情感與技巧是一對矛盾。情感是一匹脫韁的野馬，不聽任何管束和限制；而藝術技巧則是一系列的規則和範式，是固定的，甚至不變的。所以兩者之間便出現了矛盾。一方面，情感要突破技巧的束縛和限制，伸展其自由不拘、天馬行空的本色；另一方面，技巧是一系列的具體的規則和做法，它又反過來力圖駕馭和制約著情感，使之不致成為破壞性的力量。這個矛盾在任何藝術家那裏都存在，只不過表現得有所不同而已。高明的藝術家總是在藝術創作中把握好兩者之間的張力，既不使得情感變成技巧的奴僕，又不至於放縱情感而破壞技巧。所以，情感的藝術表現就需要對情感本身加以調適。也正是在這個意義上，我們說藝術的情感不同於日常情感，它是經過調整和形式化了的情感。

　　當然，歷史上也有一些極端的情況，特別是在一些即興性很強的藝術創作形式中，藝術家仿佛根本不顧技巧，而是一味放任情感的宣泄流淌，一氣呵成，絕無技巧之管束。在書法藝術中這種現象就不少見。相傳張旭草書多在醉後迷狂狀態下寫出，毫無羈絆之累。杜甫《飲中八仙歌》詩云：「張旭三杯草聖傳，脫帽露頂王公前，揮毫落紙如雲煙。」《新唐書》也記載

道：「……每大醉，呼叫狂走，乃下筆，或以頭濡墨而書，既醒自視，以爲神，不可復得也。」這種比較極端的狀態表明，藝術家此刻已達到了高度純熟的技巧狀態，恰如有的詩人所言，最高的技巧是看不出技巧。他已將自己的情感徹底融入了技巧之中，在技巧和情感之間已不存在任何裂隙和矛盾。這也就是石濤所說的「至人無法」。所謂「無法」，並非「無法」可依，而是超越了平庸刻板的技法，達到了更高的境界。在這個境界中，情感扮演了非常重要的作用。

　　藝術家在創作過程中常常處於某種複雜的情感狀態中，這表明，藝術活動不同於其他活動，它需要一定的情感介入。如果說科學活動或其他日常活動需要人們冷靜和理性的行爲的話，藝術則不然，它更加傾向於一種情感表現性。於是，在創作過程中，情感的作用便顯得尤爲重要。就藝術家個人來說，藝術創作使其經歷了一個雙重過程：一方面，他透過構思表達，借助藝術媒介的經營，強有力地表現了自己的情感；另一方面，在表達自己的情感過程中，在物化了的藝術媒介中，他又再次深刻地體驗了所表達的情感。在創造過程中，情感表達和情感體驗合二爲一了。我們可以引申中國古代美學中的「情景說」來闡釋這個原理，依據「情景說」，「景以情合，情以景生，初不相離，唯意所適。」「景中生情，情中含景，故曰，景者情之景，情者景之情。」（王夫之）在寫詩過程中，詩人創造了景語，將自己的情感體驗轉化爲意象描繪；然而，這種轉化的過程又在更高的層面上實現了轉化，即當他寫下景語時，因爲景者情之景，所以詩人反過來又再次體驗了他所表達的情感。這表明，藝術的情感表現具有雙重目標，除了傳達給更多的欣賞者之外，藝術家自身也成爲其情感表達的體驗者。這麼

來理解，藝術史上的一些看似費解的問題便迎刃而解了。比如，荷蘭畫家梵谷一段時間裏為自己畫不出理想的黃色而煩惱，甚至想到了自殺。或許我們可以推測說，梵谷對心中理想黃色的追求，其實是和特定的情感體驗密切相關的。理想的黃色其實正是一種畫家意欲表達並再次體驗的某種情感狀態。在這裏，色彩與情感已經融為一體了，沒有找到理想的黃色，也就是沒有體驗到理想的情感狀態。在這個過程中，情感逐漸脫離了原始粗糙的狀態，與藝術形式融合貫通，這既是情感的強化過程，又是情感的昇華和融鑄過程。隨著創作進程的展開，藝術家不斷地加深了自己對情感的體認和理解，因此，從這個意義上說，藝術的情感表現絕不是一個簡單的還原過程，不是回到原初的情緒狀態，而是不斷發展昇華的過程，是發現和融會的過程，也是深化藝術家自己對情感理解的過程。

至此，我們可以得出一個結論，藝術家不只是精通技巧的大師，他同時還是敏於情感體驗及其表達的人，缺乏這一點，也許也就缺乏了重要的「藝術氣質」。在華茲華斯眼中，真正的詩人該是怎樣的呢？

　　詩人是以一個人的身分向人們講話。他是一個人，比一般人具有更敏銳的感受性，具有更多的熱忱和溫情，他更瞭解人的本性，而且有著更開闊的靈魂；他喜歡自己的熱情和意志，內在的活力使他比別人快樂得多；他高興觀察宇宙現象中的相似的熱情和意志，並且習慣於在沒有找到它們的地方自己去創造。除了這些特點之外，他還有一種氣質，比別人更容易被不在眼前的事物所感動，仿佛它們都在他的面前似的；他有一種能力，能從自己心中喚起

熱情,這種熱情與現實事件所激起的很不一樣。⋯⋯他
⋯⋯能更敏捷地表達自己的思想和感情,特別是那樣的一
些思想和感情,他們的發生並非由於直接的外在刺激,而
是出於他的選擇,或者是他的心靈的構造。[10]

表現與表現主義

當你初步瞭解了什麼是藝術的表現之後,便可以從美學上
進一步將表現與再現問題聯繫起來。在美學上,表現和再現可
以轉換爲一系列相近的對應概念,諸如寫實對寫意,古典與浪
漫等等。從藝術的四要素來看,再現和表現是各有側重。依據
艾布拉姆斯的藝術四要素結構,再現所突出的是藝術品與現實
的關聯,以及藝術如何眞實地描摹現實;而表現則另有側重,
它強調的是藝術品與藝術家之間的關係,亦即藝術品如何表現
出藝術家的情感世界。歷史地看,西方美學的發展有一個從再
現(模仿)論向表現論的歷史轉變過程。這個轉變也就是從關
注藝術與現實的關係,轉向關注藝術與藝術家精神世界的關
係。艾布拉姆斯對表現論的特徵做了如下概括:

> 按照這種思維方式,藝術家本身變成了藝術品並制定
> 其標準的主要因素。我將把這種理論稱爲藝術的表現說。
> ⋯⋯表現說的主要傾向大致可以這樣概括:一件藝術品本
> 質上是內心世界的外化,是激情支配下的創造,是詩人的
> 感受、思想、情感的共同體現。因此,一首詩的本原和主
> 題,是詩人心靈的屬性的活動;如果以外部世界的某些方

面作為詩歌的本質和主題，也必須先經過詩人心靈的情感
和心理活動由事實而變為詩。詩的根本起因不像亞里士多
德所說的那種主要由所模仿的人類活動和特性所決定的形
式上的原因；也不是新古典主義批判所認為的那種意在打
動欣賞者的終極原因；它是一種動因，是詩人的情感和願
望尋求表現的衝動，或者說是像造物主那樣具有內在動力
的「創造性」想像的迫使。[11]

　　一般認為，浪漫主義是表現論的現代形態，無論是浪漫主
義的詩歌，抑或繪畫和音樂，都把體現藝術家想像力、情感和
觀念當作藝術的宗旨，這就擺脫了傳統的再現論囿於藝術與現
實的相似關係的限制。這種傾向的進一步發展，到十九世紀末
二十世紀初，便出現了席捲西方世界的表現主義潮流。

　　表現主義可以說在諸多方面徹底地貫徹了表現論的美學
觀，並將這一美學觀發揮到了登峰造極的地步。表現主義是藝
術上的一種思潮或流派，它最初出現在德國。「表現主義」這
個概念由德國藝術批評家瓦爾登率先提出，用以描述柏林的一
個先鋒派藝術團體「狂飆派」（Der Sturm），突出了這一流派和
法國印象主義鮮明對立的藝術傾向。後來，這個概念被廣泛地
用來說明藝術中這樣一種傾向，它強調的不是客觀地再現現實
世界本身，而是突出藝術家對現實的主觀反應和內心情緒狀
態。這裏一個核心的區別在於，再現論的各種藝術形式來自所
模仿的或再現的實在世界，而表現論所凸顯的形式則更多地來
自藝術家對這個現實世界的主觀反應和理解。今天，表現主義
通常是指那些帶有強烈非寫實和變形特徵的藝術傾向。它發展
到極端，抽象主義便應運而生。在抽象主義藝術中，任何具象

的熟悉的物像都被降低到最低限度，畫面上充滿了新奇古怪的線條和形狀，完全是藝術家主觀世界的折射和映現。

　　這裏，我們來欣賞一下德國表現主義畫家科科施卡的作品《自畫像》。這幅作品作於一九一七年，他心愛的女人阿爾瑪離他而去，和包豪斯學院的院長格羅庇烏斯結婚了。這給了畫家極大的打擊，使之處於極端的沮喪和憂鬱之中。這幅畫便是這時畫就的。在風格上我們可以強烈地感受到，畫家的情緒透過那撼人心力的急速而短小的筆觸鮮明地傳達出來，尤其是畫家身穿的上衣那捲曲狂放的筆觸，透露出畫家內心世界的波瀾和不平。在這幅畫中，畫面不再追求再現的光、色、形的造型準確性和空間關係，毋寧說畫面想要極力強調畫家的主觀反應。黑暗背景與前景的人像構成強烈反差，兩隻手不安地擺在胸前，急促的筆觸帶有明顯的震顫和緊張效果，把我們的注意力帶入畫家深邃的精神世界。如果我們把這幅畫和古典主義畫家

圖6-3　科科施卡《自畫像》

的自畫像稍加比較，可以強烈地感受到表現主義藝術的特色和美學觀念。

小資料：表現主義（expressionism）

表現主義這個概念主要和視覺藝術關係密切，用以說明那些突出情緒效果而使用的誇張和變形的藝術傾向。從廣義上說，表現主義可以指任何將主觀情感置於客觀觀察之上的藝術，這種藝術反映了藝術家的精神狀態，而不是我們可以在外部世界看到的種種形象。十六世紀的畫家格魯瓦爾德和格列柯，透過變形的、人為的形式傳達出強烈的宗教情緒，他們的繪畫是這個意義上的表現主義的典範。從狹義上說，表現主義這個概念是用於歐洲現代藝術中的某種廣泛的潮流，它可以追根溯源地在梵谷那裏找到起源，梵谷的繪畫富有情緒性地運用色彩和線條來「表現……一個人強烈的激情」。表現主義體現一種對十九世紀藝術的自然主義的反叛，它堅持藝術家個人情感的極端重要性，這已成為二十世紀審美態度的重要根基之一。其他帶有表現主義特徵的藝術形式的代表，還包括音樂中伯格和荀伯格的早期作品，杜思妥耶夫斯基和卡夫卡的小說等。在戲劇方面，表現主義運動大約在一九一○年興起於德國，它們在凱塞爾和托勒的戲劇中也得到了充分的反映。表現主義戲劇主要是抗議當代社會秩序的一種戲劇。

——《牛津平裝百科全書》（牛津大學出版社，1998年版）

註　釋

[1]《宗白華全集》第二卷，安徽教育出版社，1994年版，第203頁。

[2]《美的歷程》，第40-41頁。

[3]《宗白華全集》第二卷，第203頁。

[4]范晞文，《對床夜語》，轉引自《中國美學史大綱》，第296頁。

[5]康定斯基，《論藝術的精神》，中國社會科學出版社，1987年版，第12
　　頁。

[6]《人論》，第191頁。

[7]阿恩海姆，《藝術與視知覺》，中國社會科學出版社，1985年版，第
　　615頁。

[8]朗格，《藝術問題》，中國社會科學出版社，1983年版，第24-25頁。

[9]《十九世紀英國詩人論詩》，人民文學出版社，1984年版，第22頁。

[10]《十九世紀英國詩人論詩》，第14頁。

[11]《鏡與燈》，第25-26頁。

關鍵詞

表現　表現主義　表現性　情感　情感形式　心境

風景 7. 有意味的形式

　　藝術品中必定存在著某種特性，離開它，藝術品就不能作爲藝術品存在；有了它，任何作品至少不會一點價值都沒有。這是一種什麼性質呢？什麼性質存在於一切能喚起我們審美感情的客體之中呢？什麼性質是聖索非亞教堂、卡爾特修道院的窗子、墨西哥的雕塑、波斯的古碗、中國的地毯、帕多瓦的喬托的壁畫，以及普桑、德拉、弗朗切斯卡和塞尚的作品中所共有的性質呢？看來，可做解釋的答案只有一個，那就是「有意味的形式」。在各種不同的作品中，線條、色彩以某種特殊方式組成某種形式或形式間的關係，激起我們的審美感情。這種線、色的關係和組合，這些審美的感人的形式，我稱之爲有意味的形式。「有意味的形式」，就是一切視覺藝術的共同性質。

　　　　　　　　　　　　——貝爾《藝術》

從思考杜尚的挑戰開始，我們已經分別地審視了美學關於藝術種種探索的路徑，從這些不同的路徑出發，我們又分別考察了美學關於藝術本質思考的不同風景。但問題到此並未結束，我們的思緒仍在延伸。

前面諸節的不同討論大都涉及到美學的一個關鍵字——形式，無論是從再現與媒介關聯的角度，抑或從情感表現的形式角度。假如我們的思路向縱深挺進，透過形式這個「窗口」，那還能看到什麼美學的風景呢？或許，這是一個你想知曉的新問題。在美學轉向藝術的現代趨勢中，形式遠遠超出了古典美學的界定，成為吸引美學家注意力的焦點論題。你一定想知道這方面的進展。

形式的意味

一團雜亂無形的泥胎，在雕塑家手裏，變成栩栩如生的各式形象；形狀各異的樹根，經根雕藝術家發現和整理，變成風格獨特的造型藝術品。這些藝術家有什麼化腐朽為神奇的秘訣？從原初的混亂無序狀態，到形式完美的藝術品，其間發生的變化有何根源可以追尋？達文西說過，雕塑和繪畫不同，前者是逐漸減少的過程，後者是逐漸增加的過程。因為雕塑是從現有的石塊上鑿去不需要的部分，留下所需的部分，所以是減少的過程；反之，繪畫是在空白的畫布上一點一點地添加顏色，構成繪畫作品。那麼，雕塑家是如何減少，而畫家又是如何添加的呢？

從美學上看，藝術的創造過程是從藝術家對現實世界的觀

察感悟，到內心醞釀和構思，再到訴諸藝術的表達，是一個由外至內，再由內到外的過程，如果選用一個中國美學的傳統術語來描述，「賦形」這個概念也許是最準確不過的了。藝術就是一個賦形的過程，從散亂無形的泥胎到造型完美的雕塑，從混亂的樹根到完整的根雕藝術品，都是這樣的賦形過程。藝術就是一個構形的過程，是無形到有形、從混亂到秩序、從雜多到統一的構造過程。因此，所謂藝術家，在這個意義上也就是形式的發現者和構造者。

有人說，藝術家有畫龍點睛的本領，原本平平常常的東西，到了他們手裏，便不再平常，而是變得富有詩意了。比如，用日常語言描述大街景象，車輛駛過，人群熙攘，但心中仍不免寂寞。這種日常語言的日常敘述太普通了，缺乏詩意。可是，到了詩人那裏，語言經過提煉，句子經過排列，一種新的藝術形式便誕生了。不信，讀一讀廢名的小詩《街頭》：

> 行到街頭乃有汽車駛過，
> 乃有郵筒寂寞。
> 郵筒 PO
> 乃記不起汽車的號碼 X
> 乃有阿拉伯數字寂寞
> 汽車寂寞
> 大街寂寞
> 人類寂寞

動的汽車與靜的郵筒所構成的街頭印象，在詩人心中喚起一種寂寞，儘管街頭紛紛攘攘，寂寞卻始終伴隨著詩人。駛過的汽車是寂寞的，喧嚷的大街是寂寞的，人們也是寂寞的。與其說是

外部世界的寂寞，毋寧說是詩人內心的寂寞。非常普通的語言經
過分行排列，構成富有詩意的形式。中國詩人如此「賦形」，西方
詩人又如何？我們不妨再來賞析一首小詩：

> 大街
> 大街和花朵
>
> 花朵
> 花朵和女人
>
> 大街
> 大街和女人
>
> 大街和花朵和女人
> 和讚歎者

　　這首看似簡單的小詩裏，有一個複雜的排比和循環的形
式，由大街逐漸引發出越來越多的意象，從而將一幅街景——大
街、女人、花朵和讚歎者——完整地勾畫出來。詩中並無具體的
細節刻劃，反倒有點像中國古詩的意象疊加，層層遞進，構成
一個詩境。全詩透過讚歎者的眼光來描述，以讚歎者的口吻來
吟詠，讀來意味無窮。

　　詩意就在常見的語言素材不常見的精心「賦形」中誕生
了。詩歌的分行排列和意象組合，這些形式手段超越了日常語
言的平庸瑣屑，把想像力提升到另一個境界，這就是藝術的神
奇之處。顧城的詩《感覺》又是一例，極其簡約的語言素材，
經由詩人別具匠心的安排，連日常語言中令人厭煩的重複也變
得富有意蘊了。

天是灰色的

路是灰色的

樓是灰色的

雨是灰色的

在一片死灰之中

走過兩個孩子

一個鮮紅

一個淡綠

　　無獨有偶，著名畫家吳冠中有一幅繪畫小品《伴侶》，雖不是用語言，卻也傳達出相同的意趣。畫面上是極其簡單的背景，一些離散的橫向線條，吸引視覺注意力的是兩塊看似隨意塗抹的色塊，「一塊鮮紅」，「一塊淡綠」。倘使這樣的色塊不是安排在這樣的結構裏，倒也見不出什麼意味。然則，一旦經過畫家擺弄，便構成獨特意義：是兩條小魚兒？還是兩隻蜻蜓？匠心獨運的形式，給人以無窮聯想。畫家對此感慨道：「寂寞啊，寂寞無聲，寂寞無形，寂寞留給人們細細咀嚼，品味，那是人生的真味。逝者已已，留下寂寞；前途茫茫，而今寂寞。寂寞在時空中沒有定位，她飄忽，飄到人們面前，但並不給予慰藉，她又飄去了，使你更感寂寞無邊岸。朦朧的太空，無定形的線之流逝，忽然出現了伴侶，是紅與綠的相伴，相戀，她們在太空穿行，她們暫時忘卻了寂寞，她們是寂寞滋生的曇花。」[1]

　　這兩塊極其普通的色彩，為什麼在畫家那裏變得如此具有詩意，又引發出如此豐富的聯想，進而喚起某種情感體驗？看來，簡單的形式因素在藝術中具有很不簡單的功能。試想一下，假如

這兩個色塊是牆上的兩個斑點,假如是桌上的兩塊花紋,它們顯然沒有畫面上那種視覺吸引力和想像力,恰如烹飪材料雖簡單,一經烹調加工便美味可口一樣,極平常的色彩在《伴侶》中變得不平常了。因爲它們被組合進一個形式的框架之中,因而帶有別樣意味,藝術的魅力由此迸發出來。

難怪美學家們如此重視形式範疇,將它視爲審美觀照和藝術創造的核心概念之一。德國哲學家卡西爾關於形式有很好的論述,他寫道:

> 藝術家是自然的各種形式的發現者,正像科學家是各種事實或自然法則的發現者一樣。各個時代的偉大藝術家們全都知道藝術的這個特殊任務和特殊才能。達文西用「教導人們學會看」這個詞來表達繪畫和雕塑的意義。在他

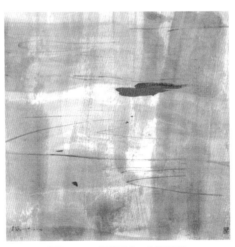

圖7-1　吳冠中《伴侶》

看來，畫家和雕塑家是可見世界領域中的偉大教師。因為
對事物的純粹形式的認識絕不是一種本能的天賦、天然的
才能。我們可能會一千次地遇見一個普通感覺經驗的對象
而卻從未「看見」它的形式；如果要求我們描述的不是它
的物理性質和效果，而是它的純粹的形象化的形態和結
構，我們就仍然會不知所措。正是藝術彌補了這個缺陷。
在藝術中我們是生活在純粹形式的王國，而不是生活在對
感性對象的分析解剖或對它們的效果進行研究的王國中。[2]

　　至此，我們需要追問的問題是，什麼才是藝術的形式？這
個形式概念的內涵和外延是什麼？形式在藝術創造和審美欣賞
中具有哪些重要功能？

　　形式是一個常用詞，在我們的日常生活中經常使用這個概
念。究其日常語義而言，所謂形式是指事物的形狀、結構和組
織安排等。一般說來，就事物的形式而言，含有內形式和外形
式兩個層面，內形式是指事物的內在結構和框架，而外形式則
是指事物可見的外部形態和樣式。從美學角度看，形式主要是
指藝術作品的結構、要素關係和外在形態。《美學百科詞典》
的解釋是：「形式作為美學的一個術語，意指一個藝術品的知
覺要素，意指要素間的諸關係。」[3]

　　在西方美學中，形式概念的起源可謂十分久遠。在希臘美
學中，亞里士多德就系統地闡發了藝術形式概念。在亞里士多
德看來，形式應是事物的形式或模型，它揭示了事物的本質和
特性，規定了事物的整體和結構。比如，他在討論悲劇時就專
門分析了悲劇的六個成分——情節、性格、言詞、思想、形象和
歌曲，大都屬於形式的範疇。「悲劇是對一個完整而有一定長

度的行動的模仿」，它有「頭」、「身」和「尾」。所以，亞里士多德認爲：「一個美的事物——一個活東西或一個由某些部分組成之物——不但它的各部分應有一定的安排，而且它的體積也應有一定的大小；因爲美要依靠體積與安排。」[4]亞里士多德提出了一系列美學意義上的形式概念，諸如整一性、結構安排、多樣統一等等。在中國美學中，關於形式的美學思想也極其豐富，特別是關於詩學風格的種種理論。

小資料：藝術形式

在批評中，形式這個術語是指其總體效果相關的一部藝術作品的主要部分的組織。意象的形式是指作品中諸多意象的內在關係。觀念的形式是指作品思想的組織和結構。

批評家採用的一種常見的區分是形式和內容，形式是用來表達內容的模式、結構或組織。類似的區分通常是傳統形式和有機形式，這也是柯勒律治所說的機械形式和內在形式的差別。另一種區別這一差異的方式，是把「傳統」形式視爲再現了某種先於作品的內容和意義的理想的模式或形態，而有機形式則呈現爲由於其作品的內容和意義而發展起來的模式或形態。「傳統」形式預先假定了組織或模式的某些特徵，它們必須出現在作品中，通常被用作考察藝術作品的主要長處，一個主要的範疇乃是統一性。有機形式則宣稱每首詩（恰如赫伯特·里德所言）都有「自己內在的法則，它隨著其內在法則的發明應運而生，並以一種充滿活力的統一來融合結構和形式」。

形式通常也被用來指一種文體和另一種文體相區別的共同屬性。在這個意義上，形式成爲一個抽象的概念，它描述的不

是一部作品而是許多作品共有的特質。

——《文學術語手冊》（麥克米倫出版公司，1986年版）

　　至此，你也許會問：在美學上形式概念究竟有哪些含義？
這正是下面要討論的問題。

　　我們可以從與形式相關的概念入手來把握形式的內涵。在
我們的日常語言用法中，形式首先與內容相對。換言之，形式
是外在的形態，內容是意義的構成。形式是外在的、感性的，
直接作用於審美主體（藝術家或欣賞者）的感官，而內容則是
經由形式才能把握到。比如一段音樂的旋律，它反映了作曲家
的情感和思想，但它是透過一定的音符的形態而作用於聽眾
的。我們首先聽到的是音符及其進行，爾後才進入對其內容的
理解和解釋。這是形式的第一個意義。

　　其次，形式又經常和要素或因素等概念相關。在這個意義
上，形式與結構的概念比較接近。所謂形式通常是指對各種構
成因素的安排和構架。原本零散雜亂的材料，經由一個結構或
形式的安排，構成一個和諧完整的統一體。在這裏，形式與要
素相對，起到了整體、統一和結構的功能。例如，在文學創作
中，形式就體現為如何安排具體的語言材料，詩歌中的分行排
列，韻律和節奏，意象和主題等等要素如何形成一個完整體；
而小說中，故事情節如何安排，是順敘還是倒敘，人物關係和
性格衝突如何結構，敘述角度如何選擇等等，都是這種意義的
形式的體現。如果說與內容相對的形式的第一層含義，突出了
形式和內容的外和內關係的話，那麼，這第二層與要素相對的
形式含義，則強調了形式的整體和部分關係。換言之，第一層

含義凸顯了藝術形式的外在感性層面，第二層含義則彰顯了藝術形式的統一完整的結構層面。這兩種基本意義也可以看成前面說到的外形式和內形式的區別。

再次，嚴格地說，形式這個概念不僅是指作為審美對象的藝術品或其他事物的外在或內在形態結構，而且是一個主體範疇。所謂主體範疇，意指形式不但呈現對象中的物化的具體的形態或外觀，它同時也是藝術家把握對象的一個範疇。在美學上，我們通常使用的概念是所謂「形式感」。形式感是指審美主體對外在對象把握上的某種心理機能，簡單地說，我們對各種形式美的體驗就依賴於形式感，從最簡單的平衡、對稱，到複雜的結構形態等。英國心理美學家瓦倫汀發現，形式感在審美過程中是十分重要的，它制約著我們的對特定對象的審美判斷。比如**圖**7-2的兩個圖形，實驗中發現，大多數欣賞者認為圖B較圖A更使人愉悅，因而更招人喜愛。

這個簡單的試驗表明，人們對不同對象的判斷是受到其形式感的支配的。在這一個案中，B所以比A更使人偏愛，原因在於日常生活中的「重力原則」或「重量原理」決定了形式

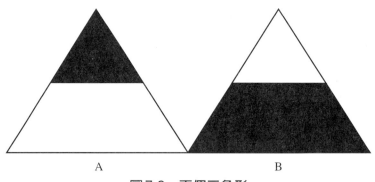

A　　　　　　　　　B

圖7-2　兩個三角形

感。因為在日常經驗中，較深的顏色總是和較重的物體關聯，而較淺的顏色則與較輕的物體有關。按照重力原則，重的深色物體作基礎顯然符合我們的日常經驗，典型的形態如雪山。其實我們對大多數繪畫作品稍加分析，便會發現這個形式原則是普遍適用的，無論是油畫還是國畫。在哲學上有一種看法認為，形式是我們據以理解世界的範疇，沒有它，客觀世界將是無法理解的。從繪畫角度說，這種說法有相當道理。美術史家注意到一個事實，當畫家去畫無時無刻不在變化的雲彩時，絕不可能亦步亦趨地模仿。他們所採用的多半是一種投射，亦即將某種繪畫的圖式投射到雲彩中去，進而把變化多端的雲彩當作某種幾何形狀來加以把握。這表明，形式感對於我們理解現實世界和藝術是相當重要的，沒有這些形式感，也就不存在審美欣賞。一個有創造性的藝術家，一個有較高審美趣味的鑒賞家，都是具有敏銳形式感的人，而形式感就是他們的審美能力和趣味的表現。反之，缺乏審美經驗的人，缺少藝術訓練，他們的形式感必然較差。在這個意義上說，審美教育的一個重要任務就是不斷提升個體的審美鑒賞力，其中不可或缺的部分就是形式感。

有意味的形式

英國美學家貝爾曾在《藝術》一書中問道：是什麼使得聖索非亞大教堂、卡特爾修道院的窗戶、墨西哥雕塑、波斯的古碗、中國的地毯、喬托的壁畫、普桑或塞尚的作品具有某種共同的性質？正是這個東西使得它們具有審美價值，對欣賞者產

生某種特殊的情感體驗。貝爾的回答是：「看來，可做解釋的回答只有一個，那就是『有意味的形式』。在各種不同的作品中，線條、色彩以某種特殊的方式組成某種形式或形式間的關係，激起我們的審美情感。這種線、色的關係和組合，這些審美的感人的形式，我稱之爲有意味的形式。『有意味的形式』就是一切視覺藝術的共同性質。」[5]

　　誠然，任何藝術都需要形式，但是，是否可以說，任何形式都是有意味的形式呢？在貝爾看來，藝術的形式是藝術家用來傳達其審美情感的，於是，形式與審美情感之間有某種對應關係；同理，當這些審美情感被融鑄於特定的藝術形式之中後，它們便會喚起欣賞者相應的審美情感。如果你欣賞陶潛的田園詩，王羲之的書法，八大山人的繪畫，貝多芬的音樂，或是摩爾的雕塑，的確可以感悟到某種獨特的審美體驗。這類體驗是在其他事物中無法得到的。因爲根據貝爾的觀點，藝術品正是因這種有意味的形式而獲得了美學價值。「一切藝術問題（以及可能與藝術有關的任何問題）都必須涉及到某種特殊的感情，而且這種感情（我認爲是對終極實在的感情）一般要透過形式而被直覺到。然而，這種感情從本質上說來還是非物質的，我雖然無絕對把握，也敢斷定：這兩個方面，即感情和形式，實質上是同一的。」[6]

　　這裏，貝爾強調的是形式與審美情感的同一性。這個問題前一節我們已經有所討論。這裏，我們是從形式角度來理解這一關係。拿最簡單的形式因素，比如說線條或形狀來說，線條或形狀並不是死氣沈沈的，而是帶有某種情感表現特性和象徵意義，有人曾對它們做過精彩描述：

　　水平線：當一個人本能地追求一條水平線時，他體驗
到一種內在感，一種合理性，一種理智。水平線與人們行
走於上的大地相平行，它伴隨著人們走動，它在人眼的高
度上延伸，因此不會產生對其長度的幻覺。

　　垂直線：這是無限性、狂喜、激情的象徵。人若要追
隨一條垂直線，就必須片刻中斷他的正常觀看方向而舉目
望天。垂直線在空中自行消失，不會遇上障礙或限制，其
長度莫測，因此象徵崇高的事物。

　　直線與曲線：直線代表了果斷、堅定、有力。曲線代
表躊躇、靈活、裝飾效果。

　　螺旋線：象徵升騰、超然，擺脫塵世俗務。

　　立方體：代表完整性，因其尺寸都是相等的，也是一
眼就能把握住的，因之給觀者一種肯定感。

　　圓：給人以平衡感、控制力，一種掌握全部生活的力
量。

　　球體：球體以及半球形穹隆頂，代表完滿、終局確定
的規律性。

　　橢圓形：因為有兩個中心，故總也不使眼睛得到休
息，老是令眼睛移動，不得安靜。

　　各種幾何體相互滲透：象徵著有力和持續的運動。[7]

　　這些線形所帶有的象徵意義和情感意味，似乎就隱含在線
與形這樣的形式因素之中。所以，從這個角度看，任何形式因
素都具有審美的表現性，或者用貝爾的話來說，都帶有特定的
意味。再比如，繪畫中不同的構圖形式亦傳達出不同的情緒質
調，給觀眾以不同的體驗和聯想。一般說來，畫面貫穿著水平

線的構圖，傳達出一種和平寧靜的氣氛（如康斯坦布林的《埃塞克斯的威文霍莊園》）；若是畫面由傾斜的線條構成，則表現出激烈運動的不穩定的感覺（如透納的《泰晤士河與麥德韋河匯合處》）；金字塔形的布局創造了一種穩定性和安全感，許多宗教題材的繪畫作品多選用這樣的構圖（如卡帕齊奧的《聖母與聖子》）；鋸齒狀構圖畫面充滿了尖銳的氣氛，給人們一種艱難痛苦的印象（如威涅齊阿諾的《聖約翰在荒漠》）；圓形構圖意味著一種完滿平和的氛圍，使得畫面既有變化又歸於統一（如庚斯波羅的《小橋風景》）；而Ｖ字型的構圖營造了一種向上期盼和運動的效果，使畫面充溢著某種希望（如提香的《福音傳道師聖約翰在帕特莫斯》）等等。[8]

　　從歷史的角度說，這種關於藝術有意味形式的觀念是逐漸發展起來的。如果採用黑格爾的藝術史的三種類型理論的話，那麼，在原始藝術中，可以說這種自覺的形式觀念尚不存在。儘管原始藝術中也有許多平衡、對稱、節奏、韻律等形式規則，但總體說來，形式的觀念尚處在不自覺的階段。到了古典藝術階段，模仿論占據主導地位，再現成為藝術的基本傾向。一方面藝術要真實地再現現實生活的場景，另一方面相應的藝術法則也漸臻完善。但是，在再現傾向壓倒一切的情況下，較之於藝術所再現的內容，其形式相對說來顯得並不十分顯要。所以，形式因素往往處於再現內容之下的從屬地位。從審美觀照的角度來說，由於追求逼真地再現生活原貌，所以，欣賞者大都處於一種亞里士多德所說的「認知的快感」中，而忽略了形式本身的意味。舉畫為例，當你欣賞一幅明顯寫實的作品時，往往會被畫面所再現的景觀或人物所吸引。你看到的是一個具體的場景，一個逼真的肖像，一個歷史故事等，這時的審

172

美判斷傾向於認知性的，而形式感的把玩和體味暫時被忘卻了。到了現代主義階段，藝術的表現性被凸顯出來，藝術家情感因素變得十分顯要了。當寫實性的再現不再成為藝術的唯一圭臬時，形式要素便逐漸從後臺走到了前臺。換言之，形式因素的自覺與強調，一定程度上說是現代藝術的標誌，它是伴隨著藝術的自律性的美學觀念而出現的。

現代藝術突出藝術自身的表現性，這在某種意義上便導致了對藝術形式獨立性的認識和強調，「有意味的形式」這個概念的出現，就是一個明證。一方面，表現性的藝術作品自身彰顯了藝術的形式要素，另一方面，面對表現性的藝術作品，欣賞者那種辨識所描畫的對象的認知判斷被擱置了，而對形式自身的欣賞品味便顯得非常重要了。比較一下再現的和表現的關於同一題材的繪畫作品，我們便可清楚地發現這個區別所在。比如，安格爾畫的《大浴女》和馬蒂斯畫的《藍色的裸體》。這種區別有時也體現在同一文化形態中，比如中國傳統繪畫中，就存在著傾向於寫實性和寫意性的兩種風格。同是山水畫，范寬的畫與石濤的畫就有明顯區別；同是人物畫，韓熙載和八大山人的風格迥異，前者更傾向於再現，後者則更傾向於表現。前者把形式暗含在內容之中，而後者則凸顯了形式自身的表現意味；如果說再現性藝術將藝術家的情感融入逼真的圖景之中的話，那麼，表現性作品則直接表露出情感，把形式作為情感的直接媒介。

圖7-3　安格爾《大浴女》

圖7-4　馬蒂斯《藍色裸體》

形式與形式主義

　　藝術中的表現傾向發展到極致，就導致了形式主義思潮的湧現。所謂形式主義，是指一種美學思潮，它特別強調形式在藝術表現中的核心作用。在這種理論中，形式具有特定的含義

和重要性。美學家布洛克指出，形式主義者所說的形式有兩個含義：第一，形式是美學意義的根源；第二，只有抽象形式才是純粹的形式。眞正的審美理解指向這種純粹形式[9]。

換言之，在形式主義者看來，再現什麼和表現什麼已經變得不再重要，重要的是藝術品自身的形式、結構、風格或其他藝術要素，這些要素與藝術品之外的任何事物無關，既不關乎外部的現實世界，也不關聯於藝術品的表現主體藝術家，藝術品是一個獨立的、自我指涉的世界。布洛克把這種理論立場概括爲三個原則：第一是藝術的自律性原則，第二是藝術品結構獨立性原則，第三是抽象形式是藝術本質所在的原則[10]。

小資料：形式主義

在藝術理論中，認爲審美價值是自律的和自給自足的，並認爲藝術的判斷超然於其他考慮之外，比如倫理的考慮或社會的考慮等，這種觀念就是形式主義。它在二十世紀特別有影響，是抽象藝術占統治地位的部分反映。信奉形式主義觀點的重要批評家包括羅傑‧弗萊和克萊門特‧格林伯格。

——《牛津藝術辭典》（牛津大學出版社，1997年版）

其實，形式主義古已有之。在中國古代美學中，類似的形式主義觀念也普遍存在，儘管與西方的形式主義表現形態有所不同。比如，魏晉時期著名的「聲無哀樂」論，就帶有明顯的形式主義傾向。在稽康看來，音樂的聲音與情感的哀樂無關，其悅耳或不悅耳取決於聲音本身，所謂「五色有好醜，五聲有

善惡，此物自然也。」無獨有偶，西方形式主義美學家漢斯立克亦有同感，他堅信音樂只是聲音的運動形式，本身並不帶有什麼情感和思想。這些看法實際上是把形式因素孤立起來，進而將審美判斷和批評標準預設在單純的形式因素上。這種看法在現代主義美學中很是流行。

　　還是舉繪畫為例，假如說傳統的寫實繪畫是要欣賞者看畫了什麼的話，那麼，表現性的繪畫則突出了畫家的主觀情感及其表現形式，而形式主義則更加極端，它既不要欣賞者看畫了什麼，也不要欣賞者單純注意到畫家的情感，而是注意畫面的形式因素本身。關於這一點，美國抽象表現主義畫家德·庫寧的說法很是明白，如果你看一幅人臉的素描，看到的是「人臉」而不是「素描」，那麼你就不懂繪畫。換言之，看一幅人臉的素描，形式主義傾向的畫家是要人看到素描而忘掉人臉。隱含其中的一種觀念是，藝術的根基乃是形式，因此，藝術家想方設法地透過掩蓋或淡化所再現或表現的物像，進而使觀眾注意到形式本身。抽象主義繪畫即是典型。比如，康定斯基為代表的抽象主義繪畫，就把繪畫自身的形式因素推到極致，我們所熟悉的一切事物都漸漸從繪畫中消失了，我們所看到的是一個陌生新穎的甚至「非人化的」世界，各種形式因素——色彩、線條和形狀——鮮明地凸顯出來。康定斯基寫道：「讓我們將一條類似的線條畫在某個完全可以避免其實用目的的背景上，例如畫在畫布上。如果觀眾仍將畫布上的這條線當作某個物體的輪廓線，這就意味著他依然保持著對線條的實用目的因素的印象。然而，一旦觀眾認識到繪畫中的實際對象的作用通常是次要的，而不是純繪畫性的，認識到線條有時具有完全純粹的藝術意義，就能夠用心靈來體會這條線純粹的內在共鳴。……如果

在圖畫中，線條能擺脫表明任何物體的目的，並且成爲一種自在之物，那麼，它的內在共鳴就不僅不會因其作用次要而減弱，不會獲得自己全部的內在力量。」[1]這裏，畫家所強調的自在之物的「純繪畫性」的線條，就是獨立自足的形式因素，康定斯基認爲這樣的因素可以引起純粹的內在共鳴，因爲聯想的、寫實的諸種「實用目的」在這裏消失了，剩下的只是一個純粹形式的世界。這種美學觀念的核心是一種對藝術形式的純粹性追求，因爲抽象主義就是要改變傳統繪畫那種「形象總是掩蓋著純造型性」（蒙德里安語）傾向，將形式獨立出來，成爲有自己生命力的表現對象。下面，康定斯基的描述充滿了對色彩純粹性的體驗和理解，其中一些感受是非常獨特的，相信你也會有所共鳴：

　　紅色：紅色是無限溫暖但不具有黃色的那種輕狂的感染力，但它卻表達了內在的堅定和有力的強度。它獨自成熟地放射光芒，絕不盲目耗費自己的能量。紅色所表現出的各種力量都非常強烈。熟練運用它的各種不同色調，既可使其基調趨暖，也可使其趨冷或者偏暖。在特徵和感染力上，鮮明溫暖的紅色和中黃色有某種類似，它給人以力量、活力、決心和勝利的印象。它像樂隊中小號的音響，嘹亮，清脆，而且高昂。

　　橙色：橙色仿佛是一位對自己力量深信不疑的人。它的音調宛如教堂的鐘聲（祈禱之鐘），或者是渾厚的女低音，或像一把古老的小提琴所奏出的舒緩、寬廣的聲音。

　　黃色：最初的運動是向觀眾進逼（這種前衝力隨著黃色的濃度增加而增強）。如果人們持久地注視著任何黃色的

幾何形狀，它便使人感到心煩意亂。它刺激、騷擾人們，顯露出急躁粗魯的本性。隨著黃色的濃度增大，它的色調也愈更加尖銳，猶如刺耳的喇叭聲。黃色是典型的大地色，它從來沒有多大深度。黃色使我們回想起耀眼的秋葉在夏末的陽光中與藍天融為一色的那種燦爛景色。

　　藍色：藍色是典型的天空色。它給人最強烈的感覺就是寧靜。當藍色接近於黑色時，它表現出了超脫人世的悲傷，沈浸在無比嚴肅莊重的情緒之中。藍色越淺，它也就越淡漠，給人以遙遠和淡雅的印象，宛如高高的藍天。在音樂中，淡藍色像是一支長笛，藍色猶如一把大提琴，深藍色好似低音大提琴，最深的藍色可謂是一架教堂裏的風琴。深度可以在藍色中找到，它的色調愈深，效果也就愈強、愈典型。我們在藍色中感到一種對無限的呼喚，對純淨和超脫的渴望。

　　綠色：純綠色是最平靜的顏色，既無快樂，又無悲傷和激情。它對疲乏不堪的人是一大安慰與享受。但時間一久就使人感到單調乏味。綠色表達了消極的情調，它與積極的暖黃色和積極的冷藍色形成了鮮明的對照。在色彩的王國裏，綠色代表社會的中產階級，他們志得意滿，不思進取，心胸狹窄。綠色是夏天的顏色，夏天大自然已由春天的萬物爭榮轉向了平靜。綠色有著安寧和靜止的特徵，如果色調變淡，它便傾向於安寧；如果色調加深，它傾向於靜止。在音樂中，純綠色表現為平靜的小提琴中音。

　　紫色：紫色無論在精神意義上還是感官性能上，總是冷卻了的紅色。它帶有病態和衰敗的性質，仿佛是爐渣。紫色在音樂中，相當於一隻英國管，或者是一組木管樂器

（如巴松管）的低沈音調。

　　黑色：黑色代表了惰性的阻力。黑色的基調是毫無希望的沈寂。在音樂中，它被表現為深沈的結束性的停頓。在這以後繼續的旋律，仿佛是另一個世界的誕生。因為這一樂章已經結束了。黑色像是餘燼，仿佛是屍體火化後的骨灰。因此，黑色的猶如死亡的靜寂，表面上黑色是色彩中最缺乏調子的顏色。黑色象徵著悲哀和死亡。

　　白色：白色代表了無阻力的靜止，仿佛是一道無盡頭的牆壁或一個無底深淵。它是一個世界的象徵，在這個世界中，一切作為物質屬性的顏色都消失了。它那高遠浩淼的結構難以打動我們的心靈。白色帶來了巨大的沈寂，像一堵冷冰冰的、堅固的和延綿不斷的高牆。因此，白色對於我們的心理作用就像是一片毫無聲息的靜謐，如同音樂中倏然打斷旋律的停頓。但白色並不是死亡的沈寂，而是一種孕育了希望的平靜。白色的魅力猶如生命誕生之前的虛無和地球的冰河時期。白色象徵著歡樂歡悅，純潔無瑕。[12]

　　從以上這些形象生動的描述中，畫家向我們展示了各種色彩獨特的魅力，那富於想像力的種種說法，道出了有意味形式的存在及其審美表現力。

陌生化的形式

　　從藝術史的角度來看，藝術的進步和發展，不但體現爲主

題、題材和內容的變化，也呈現爲形式和風格的嬗變。其中，不斷的創新是藝術發展的內在動力。對藝術來說，創新有兩個基本含義，其一，創新是打碎日常生活的陳腐和平庸，以別樣的方式爲人們提供新的視野和體驗；其二，創新還意味著不斷地超越前人，創造出新的形式和新的風格。前者是藝術創新對外（社會的）啓迪功能，後者是藝術創新對內（藝術自身的）變革的功能。

從這個意義上說，形式的創新作用不可小視。我們先從藝術對日常生活的開啓角度來看。歷史上，關於藝術創新的論述汗牛充棟。葉燮提出：「若夫詩，古人作之，我亦作之，自我作詩而非述詩也。故凡有詩謂之新詩。……必言前人所未言，發前人所未發，而後爲我之詩。」（《原詩》）石濤亦有精彩之論：「我之爲我，自有我在。古之鬚眉不能生我之面目，古之肺腑不能入我之腹腸。我自發我之肺腑，揭我之鬚眉。」（《畫語錄》）在西方美學中，始終有一種強調藝術必須追求新奇的觀念，認爲新奇是藝術有別於我們平庸的日常生活的魅力所在。浪漫主義進一步發揮了這個觀念，並在這方面有所實踐。柯勒律治指出：「給日常事物以新奇的魅力，透過喚起人對習慣的麻木性的注意，引導他去觀察眼前世界的美麗和驚人的事物，以激起一種類似超自然的感覺；世界本是一個取之不盡、用之不竭的財富，可是由於太熟悉和自私的牽掛的翳蔽，我們視若無睹、聽若罔聞，雖有心靈，卻對它既不感覺，也不理解。」[13]在這段論述中，浪漫派詩人提出了藝術的功能在於讓人們從熟悉的、遮蔽的日常經驗中解放出來，以新的眼光來看待世界的美麗和驚人的事物。爲什麼在日常生活中我們看不見這些呢？原因在於我們太熟悉，自私的和功利的偏狹眼光阻礙了我

們的發現。其實這個思想在中國古典美學中亦有很好的表述，
王夫之寫道：

> 能興者謂之豪傑。興者，性之生乎氣者也。拖沓委
> 順，當世之然而然，不然而不然，終日勞而不能度越於祿
> 位田宅妻子之中，數米計薪，日以挫其氣，仰視天而不知
> 其高，俯視地而不知其厚，雖覺如夢，雖視如盲，雖勤動
> 其四體而心不靈，唯不興故也。聖人以詩教以蕩滌其濁
> 心，震其暮氣，納之於豪傑而後期之以聖賢，此救人道於
> 亂世之大權也。[14]

　　這段話和柯爾律治的論述有異曲同工之妙，都強調拖沓委
順的日常生活磨滅了人的靈性和敏感，使之無法以新鮮的眼光
來透視這個世界。所以，藝術有一種使人「興」的超越功能。
如果我們把這些論述和達文西的一個觀點聯繫起來，問題就更
加有趣了。達文西認為，繪畫就是「教導人們學會看」。其實，
不僅畫家教導人們學會看，詩人作家、戲劇家、雕塑家、音樂
家等等，都是透過他們的藝術創造把欣賞者引入一個新的世
界，以一種陌生的眼光來審視一個陌生的世界。於是，柯勒律
治所說的「世界的美麗與驚人」便赫然眼前，王夫之所說的
「性之生乎氣者」便油然而生。

　　調動你的經驗，發揮你的想像，以下體驗對你一定不陌
生！陶潛的田園詩把你帶入一個自然和諧的世界，那裏充滿了
生命活力的一切也許是人們視而不見的；李清照別稱「李三
瘦」，因為她創造了三個千古流傳的關於「瘦」的詩句，諸如
「人比黃花瘦」，「綠肥紅瘦」等，詩句營造了一個獨特的聯
想，給了你不曾有過的新鮮體驗；魯迅的小說將你領進一個新

的境界，你或許從未想到過中國人國民的劣根性如此成問題，阿Q活靈活現的精神勝利法，揭示了這些劣根性的諸多側面；相傳印象派大畫家莫內將倫敦的天空描繪成紫色的，使倫敦人看了以後大爲驚異，他們從未注意到倫敦有如此美妙的色調；雨果在詩中透過卓越的聯想，將星星比喻爲各種形象，諸如星星是「閃光的鑽石」、「晶瑩的寶石」、「金色的雲彩」、「金色的水晶」、「小羊羔」、「發光的神殿」、「永恒的夏日之花」、「銀色的百合」、「夜之眼」、「暮色中朦朧的眼睛」、「空中的殘火餘燼」、「廣袤天花板上的洞眼」、「空中飛舞的蜜蜂」、「亞當流出的血滴」、「孔雀羽毛上的彩色斑點」等等，這些新奇的比喻把我們對星星的體驗帶入一個全新的視野，在詩人眼裏，如此之多的事物竟然詩意地關聯在一起，這種體驗在平庸的日常生活中是難尋蹤跡的。

由此可見，藝術形式的創新絕非只是花樣翻新，而是打碎我們日常經驗的遮蔽性，還欣賞者一副新鮮的兒童眼光。難怪藝術家總是爲自己過於世俗平庸的眼光憂心忡忡，企盼著一種「童心」（李贄）或「兒童眼光」（畢卡索）。法國畫家馬蒂斯認爲，觀看是一種創造性的行爲，但日常生活養成了習慣和偏見，因而，畫家如何打破這種習慣和偏見，便需要某種勇氣。「這種勇氣對要像頭一次看東西那樣看每一事物的美術家來說是根本的：他應該像他是孩子時那樣去看生活，假如他喪失了這種能力，他就不可能用獨創的方式去表現自我。」[15]這兒童眼光就是一種陌生的眼光，用陌生的眼光去看世界，就是發現世界的美麗與驚人。關於這一點，俄國形式主義有深刻的論述，這就是著名的「陌生化」理論。俄國形式主義的代表人物什克洛夫斯基寫道：

　　　　那種被稱為藝術的東西的存在，正是為了喚回人對生活的感受，使人感受到事物，使石頭更成其為石頭。藝術的目的是你對事物的感覺如同你所見的視象那樣，而不是你所認知的那樣；藝術的手法是事物的「陌生化」手法，是複雜化形式的手法，它增加了感受的難度和時延，既然藝術中的領悟過程是以自身為目的的，它就理應延長；藝術是一種體驗事物之創造的方式，而被創造物在藝術中已無足輕重。[16]

　　在這一著名的陳述中，形式陌生化的美學觀念體現得非常明晰。藝術的本質在於透過形式的陌生化，使人們習而不察的事物變得新奇而富有魅力，因而喚起人們對事物敏銳的感受。所以，藝術中最重要的就是形式的創新。比如，在魯迅筆下，透過狂人的視角來審視「人吃人」的嚴酷現實，就創造了一種「陌生的」效果，它震撼了我們習慣的看法和庸見，暴露出這一社會現實的壓迫性質。同理，在卡夫卡的小說《變形記》中，作者選取了主人公噩夢之後變成甲蟲的荒誕過程，並透過甲蟲的獨特視角，來揭示充滿異化的資本主義現實，進而展現了小人物在這樣嚴酷的生活中所受到的壓抑和排斥。

　　值得注意的是，俄國形式主義與傳統的驚奇理論不同，它更關注如何新奇，而對被表現或再現的事物則認為已無關緊要，無論它們是情感抑或現實世界。一塊石頭經過藝術家陌生化的處理，從我們司空見慣的事物中脫穎而出，吸引了我們的審美注意，使我們注意到以前未曾注意到的形態、色彩和造型，因而恢復了我們對生活的敏銳感受。在俄國形式主義者那裏，有一個根深柢固的信念，那就是日常生活的習慣具有遮蔽

性，它鈍化了我們的敏感性，使我們傾向於無意識和機械性。於是，藝術便承擔了一個重要的功能，那就是保持和強化我們敏銳的感受力。所以，「複雜化形式的手法」便成爲藝術的重要功能。透過不斷的陌生化形式，來「教導人們學會看」。

　　這一思想的進一步發揮，便構成了現代美學關於藝術形式的顛覆潛能的理論。一些美學家發現，現代社會的日常生活具有某種壓抑呆板的性質，日復一日、年復一年同樣如此的生活，逐漸消磨了人敏銳的生活感受，使得充滿活力和變化的世界顯得平庸而單調，如韋伯形象描述的那樣，日常生活逐漸變成了一個「鐵籠」。工具理性的種種原則統治著我們的行爲，我們按規章行動，按計畫辦事，機械地扮演著自己所承擔的種種角色。人逐漸淪爲工具式的存在，情感和靈性受到壓制，個性被塑造成千人一面。合理化的生活已經把人變成爲工具，在這種狀況下，藝術承擔了獨特的政治潛能和美學功能，可以將人們從機械刻板的日常生活的種種壓力中解放出來，不斷地改變我們對自己所生存的世界的看法。這一觀念在德國法蘭克福學派那裏得到了更加充分的發揮，這一學派的美學家在解釋現代主義藝術中的形式革新時，把這種革新與改變世上千千萬萬男女的意識形態聯繫起來。比如，卡夫卡那充滿謎一樣色彩的小說，貝克特那荒誕難解的劇本，都是旨在破壞我們習慣的欣賞方式和感受方式，向欣賞者的陳規舊習發起挑戰，進而提供一種新的陌生眼光來看待世界。這麼來看，藝術的陌生化形式便超越了狹隘的形式主義窠臼，獲得了某種「革命」和「顛覆」的潛能。人們透過進入藝術世界，透過藝術家的眼光去陌生地看那個陌生的世界，潛移默化中也就改變了自己陳舊平庸的觀念和看法，進而達到對現實世界新的認識和理解。

法蘭克福學派的代表人物馬庫色在一次演講中充滿激情地說道：

> 對藝術的造反已經有很長的歷史了。……繼後的藝術形式的反對者們又起來努力摧毀那些熟悉的和占統治地位的感覺形式，摧毀熟悉的事物的外觀，摧毀那些作為虛偽的、支離破碎的經驗的組成部分的東西，以此來「挽救」藝術。藝術向非客體性藝術、抽象藝術和反藝術的發展是一條通向主體解放的道路，這就為主體準備了一個新的客體世界，而不再需要去承認、昇華和美化那個現存的世界了；這一發展解放了人的身心並使之具有了新的感性。

> ……也許第一次，人們將能欣賞貝多芬和馬勒的無限悲痛，因為這悲痛已經被戰勝並保存在自由的現實中。也許是第一次，人們將能以柯羅、塞尚和莫內的眼睛看世界，因為這些藝術家們的感覺曾經幫助過這個現實的形式。[17]

註　釋

[1]吳冠中，《畫外話·吳冠中卷》，人民文學出版社，1999年版，第15頁。

[2]《人論》，第183頁。

[3]*Encyclopedia of Aesthetics*, Vol.2, p.213.

[4]《詩學》，第25頁。

[5]貝爾，《藝術》，中國文聯出版公司，1984年版，第4頁。

[6]同上，第45頁。

[7]引自朱狄，《當代西方美學》，人民出版社，1984年版，第413-414頁。

[8]參見庫克，《西洋名畫家繪畫技法》，人民美術出版社，1982年版。

[9]《美學新解》，第246頁。

[10]《美學新解》，第260頁。

[11]《論藝術的精神》，第85-86頁。

[12]根據康定斯基的描述整理，詳見《論藝術的精神》，第47-55頁。

[13]《十九世紀英國詩人論詩》，第63頁。

[14]王夫之，《俟解》。

[15]馬蒂斯，〈用兒童眼光看生活〉，載何太宰選編，《現代藝術札記·美術大師卷》，外國文學出版社，2001年版，第33頁。

[16]什克洛夫斯基，〈作為手法的藝術〉，載方珊編，《俄國形式主義文論選》，三聯書店，1989年版，第6頁。

[17]馬庫色，〈作為現實形式的藝術〉，載伍蠡甫、胡經之主編，《西方文藝理論名著選編》，下卷，北京大學出版社，1987年版，第720、725頁。

關鍵詞

形式　有意味的形式　形式主義　陌生化

風景 8. 時亦越法有所縱

藐姑射之山，有神人居焉。肌膚若冰雪，淖約若處子。不食五穀，吸風飲露。乘雲氣，御飛龍，而遊乎四海之外。其神凝，使物不疵癘而年穀熟。

——莊子《逍遙遊》

詩人敢於把不可見的東西的觀念，諸如極樂世界、地獄世界、永恒界、創世等等來具體化，或把那些在經驗界內固然有著事例的東西，如死、忌妒及一切惡德，又如愛、榮譽等等，由一種想像力的媒介超過了經驗的界限——這種想像力在努力達到最偉大東西裏追跡著理性的前奏——在完全性裏來具體化，這些東西在自然裏是找不到範例的。

——康德《判斷力批判》

在以上所描述的美學景觀裏，我們常常見到藝術家的身影，但尚未定睛審視他。依照艾布拉姆斯的藝術四要素理論，藝術家是其中的一個不可或缺的重要元素。顯然，若要完整地審視美學的風景，藝術家及其創造活動乃是美學思考的一個重要層面。所以，我們有必要留出空間闢專章予以分析。

藝術家是藝術品的創造者，從美學的觀點來看，藝術創造的特徵構成了藝術家的特徵，而藝術家的生命活動又呈現爲藝術創造，凝聚成特定的藝術品。有學者認爲，隨著科學研究的進步，人類創造活動的整體面貌已經呈現出來，比如科學創造的奧秘人們已經知之不少。但是，相對於人類的其他創造活動，藝術創造最複雜，充滿了神秘性，人們卻知之不多，所以尚需作深入透視。

藐姑射山之「神人」

在文學藝術史上，流傳著許多的傳說。在這些傳說中，藝術家以及藝術創造活動常常顯得神秘費解。在比較的意義上說，藝術創造是人類精神最難解的現象之一，這絕不爲過。

相傳唐代裴將軍請大畫家吳道子作畫，畫家說，我畫筆已生疏，請裴將軍舞劍一曲，以通幽冥。於是，將軍走馬如飛，左旋右轉，擲劍入雲，若電光下射。觀者數千人，無不驚歎。吳道子於是援毫圖壁，颯然風起，爲天下壯觀。令人好奇的是，裴將軍舞劍與畫家作畫之間有何關聯？爲何吳道子看了裴將軍舞劍後下筆颯然風起？另一個傳說也頗爲有趣，說的是唐代大書法家張旭。詩人李欣有詩曰：

張公性嗜酒，豁達無所營。

皓首窮草隸，時稱太湖精。

露頂據胡床，長叫三五聲。

興來灑素壁，揮筆如流星。

　　為何張旭酒醉後下筆如有神，不可復得？其奧秘何在？

　　在西方文學藝術史上，亦有許多傳聞很是費解。據說德國詩人席勒寫作時，總是要在桌上放一隻爛蘋果，此事曾讓他的好友歌德百思不得其解。巴爾札克寫作時要穿上一件僧侶的長袍，以至於羅丹在為巴爾札克塑像時，就取了作家身披長袍的形象。梵谷在精神病急性發作期間，住在收容所裏，被窗外的一叢藍蝴蝶花所吸引，於是他畫了無與倫比的《藍蝴蝶花》。莫內說道，「一個人怎麼會對花的光線愛到如此地步，而且把它描繪得這麼美？」海明威說，小說寫得好不好，全靠「運氣」；米勒強調，他寫劇本如果事先知道劇情，就從不可能喚起一種探索未知的衝動，寫作的奧秘就在於一切尚不得而知。據說，浪漫派詩人喜歡夜半作詩，因為夜屬於沈思冥想和夢幻時刻；而英國大詩人彌爾頓堅信，他血管裏的血只有在每年秋分至春分這一時期才暢流，這時才能寫出好詩。

　　形形色色的藝術創作奇聞軼事還可以無限羅列下去，問題是，從美學上看，藝術創造究竟有何美學規律可以探尋？

　　在原始文化中，今天意義上的藝術家尚未存在，那些「巫師—藝術家」通常被認為代表神的意旨，具有超凡的能力。在科學不發達的古代，把這樣的人視為神的代言人的看法是相當普遍的，他們有神力相助。有美學家認為，莊子《逍遙遊》中對仙人的描繪用於說明藝術家最為傳神，所謂「藐姑射之山，

有神人居焉。肌膚若冰雪，淖約若處子。不食五穀，吸風飲
露。乘雲氣，御飛龍，而遊乎四海之外。其神凝，使物不疵癘
而年穀熟。」在西方美學中，這種神秘主義的解釋也相當普
遍。比如，柏拉圖著名的「靈感說」：

> 伊安，讓我來告訴你。你這副長於解說荷馬的本領並
> 不是一種技藝，而是一種靈感，像我已經說過的。有一種
> 神力在驅遣你，像歐里庇德斯所說的磁石，就是一般人所
> 謂「赫剌克勒斯石」。磁石不僅能吸引鐵環本身，而且把吸
> 引力傳給那些鐵環，使它們也像磁石一樣，能吸引其他鐵
> 環。……詩神就像這塊磁石，她首先給人靈感，得到這靈
> 感的人們又把它傳遞給旁人。……科里班特巫師們在舞蹈
> 時，心理都受一種迷狂支配；抒情詩人們在做詩時也是如
> 此。他們一旦受到音樂和韻節力量的支配，就感到酒神的
> 狂歡，由於這種靈感的影響，他們正如酒神的女信徒們受
> 酒神憑附，可以從河水中汲取乳蜜，這是他們在神智清醒
> 時所不能做的事。……神對於詩人們像對於占卜家和預言
> 家一樣，奪取他們的平常理智，用他們作代言人，正因為
> 要使聽眾知道，詩人並非藉自己的力量在無知無覺中說出
> 那些珍貴的辭句，而是神靈憑附著來向人說話。[1]

在柏拉圖的這一經典論說中，詩人所以超越常人而具有高
超的技藝，乃神力所致。神透過憑附在詩人身上，使之失去平
常理智，說出平常無法說出的美妙言辭。如此解釋，荷馬所以
成為偉大的詩人，乃是神靈附體。屈原所以寫就偉大的楚辭篇
章，亦是神力所致。所以，在西方文化中，依希臘傳統，靈感
是與記憶之神的女兒繆斯有關的；而按照希伯來傳統，則與聖

靈有關。有學者指出：究其定義而言，一個巫師、預言家或詩人的靈感獲得，顯然有別於平常的心靈狀態。在原始社會中，巫師可以自動進入一種精神恍惚的狀態，或者他也可以被某種祖先的或圖騰的精神力量支配而處於迷狂狀態[2]。在中國藝術史上，此類例子也屢見不鮮。古人把創造性的想像稱為「神思」、「神遊」。據記載，唐代書法大師張旭「每大醉，呼叫狂走，乃下筆，或以頭濡墨而書，既醒自視，以為神，不可復得也」。所謂「神來之筆」，說的就是這個意思。

由此可見，在美學的科學知識尚不發達的古代社會，藝術家所以有超越常人的能力和靈感，古代的智慧大都傾向於做出神秘主義的解釋，將人的能力歸結於神的力量所致。這和人類早期社會把一切自然現象均解釋為神力是一致的。

依據韋伯的看法，社會的進步乃是由於合理化和去魅所致。所謂去魅，就是人類知識的進步，逐漸將原先歸於神的那些權利和能力，逐漸發還給人自身。這一進步對於解釋藝術家及其藝術創造現象是非常重要的。

現代美學對於藝術家創造力的解釋，早已打破了神秘主義的陰霾。浪漫主義是率先發動了把「創造力」從神還給人的運動。過去「創造」的特權只屬於神，只有上帝才能「創世」。所以，在古典時代，藝術家實際上和工匠沒有太大區別，他們都是具有某種特殊技藝的能工巧匠。啟蒙運動開始強調藝術家的特殊性，區分了藝術與手工藝，比如康德堅信，美的藝術是自由的無功利的，而手工藝則是不自由的雇傭性的；前者是出於遊戲的目的而追求愉悅，而後者則是為了報酬而勞動。由此來看，我們可以把藝術家的現代觀念視為兩個方面進步的產物。第一，藝術家的創造才能（想像力、靈感、天才等）不再是神

的擁有，而是人的擁有，這是第一個進步；第二，藝術家不再
是工匠式的有技藝者，他們的技藝和勞作帶有工匠活動所沒有
的自由和遊戲的性質。這後一方面便切入了美學的一個重要主
題：審美帶有令人解放的性質（黑格爾）。

在啓蒙科學精神的誘導下，美學對藝術家創造性的研究可
謂方興未艾，尤其是十九世紀心理學的奠基，與美學聯手探究
藝術創造性的奧秘，取得了巨大的成就。在某種程度上說，藝
術創造性的面紗正在逐漸撩開，顯露出其眞山水。

小資料：藝術家

藝術家是這樣的人，他們精於一種或更多的藝術，諸如繪
畫或雕塑；一個藝術家是一個專業的娛樂業人士，諸如歌唱家
或舞蹈家。荷蘭畫家梵谷或音樂廳的藝術家瑪麗·勞埃德。

藝術家是一個「有技藝的人」，在這種寬泛的意義上說，名
詞藝術家也可以被藝人這個概念所取代，儘管這個說法不很常
用。

——《布魯斯伯里詞語指南》（布魯斯伯里出版公司，1997年版）

藝術家，傾邪險怪？

在人們的普遍印象中，藝術家的確有些與常人不同，這不
僅是因爲他們的個性，而且是因爲他們的職業，似乎要求某種

特殊的心理氣質。早期行吟詩人或流浪藝人不說，即使在現代
社會，藝術家常常是放浪不羈，行爲乖張猖狂，因此就有許多
關於藝術家的常識或偏見，諸如藝術家是瘋子，藝術天才即精
神病，搞藝術的多少有點怪等等。的確，在一個日益強調社會
行爲和生活規範的社會中，在一個日趨從眾的文化裏，藝術家
似乎是一種生活方式的象徵——放浪不羈、獨具個性的審美生
存。

　　在中國美學中，一個與藝術家關聯密切的說法是所謂「顛」
或「狂」，一些偉大的藝術家的行爲若用俗儒觀點來看，大都顯
得有點反常，有點「顛狂」。在中國藝術史上，行爲反常乖張者
不計其數。李白「斗酒詩百篇」，「仰天大笑出門去」，行爲不
拘一格；米芾人稱「米顛」，據史書記載他「時亦越法有所
縱」，「傾邪險怪，詭詐不近人情，人謂之顛」；朱耷（八大山
人）更是傳爲笑談：「一日，忽發狂疾，後大笑，或痛哭，裂
其浮屠服，焚之，獨身徉狂市肆間，履穿踵決，拂袖蹁躚，市
中兒隨觀嘩笑，人莫能識也。後忽大書啞字於門，自是對人不
交一言，或招之飲，則縮項撫掌，笑聲啞啞然；蓋其胸次滂浡
鬱結，別有不能自解故也。常題書畫款，八大山人四字，必連
綴，類哭之笑之字意，亦有在焉。」[3]

　　在西方美學中，通常用於藝術家的一個描述概念是「波希
米亞式的」（the Bohemian）。從詞義上說，這個概念原指生活在
捷克境內的吉普賽人，他們以流浪賣藝爲生。《牛津最新英語
詞典》中，將這個詞的引申義解釋爲：「社會行爲不同凡俗
（或不守傳統規範）的人，尤其是藝術家或作家。」這種解釋近
似所謂「瘋子」、「狂人」的看法了。的確，西方藝術史上，這
樣的例子更是不勝枚舉。福樓拜寫作到了動情時，經常嚎咷大

哭。巴爾札克經常在屋裏寫作，一兩個月閉門不出，除了喜穿大袍子外，還赤腳踩在石板上。梵谷曾險些殺死自己最後一個朋友保羅，後因對自己的行為感到震驚，又割去自己的左耳；他的畫當時不被藝術界所認可，他的行為方式更是不容於當時的社會。

那麼，藝術家為何總是這樣不同凡俗？這些看似古怪離奇的行為方式與其創造性之間有無必然聯繫？這始終是美學關心的一個問題。自心理學創建（十九世紀末）以來，關於這一問題的解釋莫衷一是，大約可以清理出兩種思路：一種是以精神分析學說為代表的理論，傾向於把藝術家視為心理反常的人，甚至是病態的，這一思路嘗試著從藝術家反常的心理現象來尋找創造的奧秘；另一路研究則相反，以人本主義心理學為代表，堅信藝術家是正常的人，甚至比一般人更正常，因為健康的心理和良好的精神是一切創造的基礎。兩種看法各執一隅。

二十世紀五〇年代以來，心理美學的研究有所突進，逐漸撩開了籠罩在藝術家及其藝術創造上的神秘面紗，描畫出藝術家獨特人格氣質的完整面貌。這裏，我們不妨簡略介紹一下心理學家貝倫關於作家創造性人格，以及麥金隆關於建築家的經典研究。

貝倫關心的是創造性的作家有何獨特的人格特質，他們與創造性一般的其他作家有何人格上的差異。於是，他請美國作家協會推舉尚還健在的三十多位著名作家作為測試對象，又選了二十多位一般作家，十位學寫作的學生組成三個測試組，後兩個組作為創造性作家的比照組。實驗的結果使人眼界大開，貝倫發現，在獨創性量表上，創造性的作家得分最高，而在靈活性量表上，學生則得分最高，其次才是創造性的作家。在創

造力與心理健康關係方面，實驗的確發現創造性的作家有些
「反常」或「異常」，與一般人相比差異明顯。那麼，怎麼來看
這一差異呢？貝倫的解釋很有辯證法意味：「如果人們嚴肅地
看待這些實驗，那麼，作家將會顯得比一般人在心理上更脆
弱，同時也更健康。或者說，用另一種方式來看，作家的心理
會有更多的紛擾，但他們同時又有更多的解決這些紛擾的辦
法。」[4]這就回答了我們前面提出的問題，一方面，創造性的藝
術家的確有些心理上「反常」傾向，因此他們更加敏感、乖
張、偏激、狷狂、富有攻擊性等，心理上出現比常人更多的麻
煩、困擾或反常是很自然的。「波希米亞式的」人格或行爲正
是在這裏體現出來。但另一方面，創造性的藝術家有一個非常
重要的傾向，那就是在常人那裏也許會成爲精神障礙或病態的
東西，在藝術家那裏卻被轉到創作活動上來了。藝術家心理學
的研究對這一點有許多發現，以至於有的人認爲，這些看似反
常的性格和心態，使得藝術家可以突破常人所依從的傳統和平
庸見解的束縛，敢於向新的領域突進。法國作家莫里亞克在評
論杜思妥耶夫斯基的創作時就談到了這樣的看法：

　　杜思妥耶夫斯基的癲癇病在他筆下的所有人物身上留
下了深深的痕跡，印上了立刻就認得出來的標誌，正是這
種癲癇病使這位作家創造的人物具有一種特殊的神秘性。
一個藝術家如果是個天才的話，他的一切缺點和偏見也可
以爲創作服務，借助它們，創作得以向從來沒有人敢於冒
險的方向擴展。[5]

　　貝倫借助「明尼蘇達多項人格量表」，對作家的許多人格專
案做了測試，想描畫出詩人創造性人格的總體面貌。他基於人

格測量的資料及其三組人的比較，歸納出一個創造性作家人格特質的總體特徵，它包括五項基本的人格特徵、八項較爲突出的人格特徵。具體如下：

創造性作家最突出的五項人格特徵

1.具有高度的智慧。

2.真誠地珍視智力和認知問題。

3.重視自己的獨立性和自主性。

4.語言流暢，可以很好地表達思想。

5.津津樂道於審美印象，具有審美的敏感性。

創造性作家較爲突出的八項人格特徵

6.多產，完成創作。

7.關注哲學問題，諸如宗教、價值和生命意義等。

8.對自我有高度的志向。

9.興趣廣泛。

10.用與衆不同的方式進行思考和組合觀念，具有不同凡俗的思維過程。

11.是有趣而又引人注目的人物。

12.坦誠率真地與他人相處。

13.用一種倫理上一貫的方式來行動，恪守各項準則。

[6]

這也許是歷史上第一次描摹出創造性作家人格特徵的完整面貌所涉及的諸多方面，從內在的精神關懷，到外部行爲特徵，從作家自身的特質，到他們在別人心中的印象。看來，創造性的藝術家的人格是複雜的、多側面的，它們有許多相關的

人格因素錯綜糾結地組合而成。這些經驗研究集中在創造性的作家所共有的一些明顯特徵上，是有科學根據的。誠然，這一歸納並不一定條條在理，有一定文化上的局限，也不能說這一概括適合於任何一位創造性的藝術家。

　　與貝倫同時代的另一位美國心理學家麥金隆的研究也很有特色。他主要考察了建築家的創造性人格。因為在他看來，建築家的職業特點是橫跨藝術和科學兩大領域，因而最能代表人類的創造力總體特徵。如果說貝倫的研究還只限於詩人或藝術家的話，麥金隆堅信對建築家的研究可以涵蓋藝術和科學兩大領域。他的研究與貝倫相似，也是採用創造性的建築大師為一組，而一般建築師以及和大師有過工作來往的其他建築師為一組，透過三組人的比較對照，以期發現創造性的建築家所具有的特殊人格特質。在實驗中他發現，對創造性人格具有重要影響的因素有很多。比如在自我形象上，創造性與非創造性的人格差距甚大。一個規律性的現象是，創造性建築家更關心「理想的自我」（即自我期待的形象），而不顧及自己在公眾或同行中的印象如何；反之，創造性不高的建築師，則更加關心「現實的自我」，亦即自己在公眾和同行中的印象如何，他們給人的印象是寬容的、順從的和有理性的。再比如，麥金隆注意到，創造性的人格自我控制力和心理穩定性上較常人不如，他們的忍耐力亦表現得不如一般人。他們不喜歡有序的、明確的情境，而是對未知的、混亂的事物更感興趣。原因很簡單，明晰有序的事物，一切已是一目瞭然，無法激起他們探究未知的欲望和好奇心。此外，在自主性、獨立性、表現欲、攻擊性和變動性等專案上，具有創造性的建築家和一般建築師大相逕庭，他們在這些方面表現得異常突出。更有甚者，創造性的建築家

常常體驗的是一種和自己職業生涯相關的「命運感」，好像他們生來就是從事這樣的創造性活動，而只有在實現了自己的創造力時，他們才實現了自己的「命運」等[7]。這些特徵看起來和馬斯洛所說的「自我實現者」非常相似。

小資料：創造性

創造性是指產生新事物的能力。它本身是在人的行爲中展示出來的。經由一個人和一組人的創造過程，創造的產品便應運而生。這些產品也許千差萬別，從科學到藝術，從哲學體系到生活方式的變革等等。在這種差別中有顯而易見的共同特徵，那就是創造性的產品、創造過程和創造者。創造性的產品以其獨特性、有效性和有用性而著稱。對於這些產品我們往往使用諸如新鮮、新奇、精巧、獨特等詞語來描述。創造過程是用某種新的方式來看待事物，構成某些關聯和冒險，注意由矛盾和複雜性引起的眼前的機遇，在不熟悉的事物中辨識出熟悉的東西，創造新的範式等等。在創造者身上，我們可以發現一些共同特徵：隱喻或類比地同時也是邏輯地思維的能力，判斷的獨立性（有時表現爲非傳統性、反叛性、革命性的思想或行動），拋棄不充分的簡單性，以便尋找更爲複雜和滿意的新秩序或新綜合。

——《羅德里奇社會科學百科辭典》（羅德里奇出版公司，1985年版）

雖然一般認爲，藝術和科學代表了人類創造性的兩個最高

境界，但是，藝術家畢竟有別於科學家，這一點依據常識便不難發現。比如，說藝術家「顛」或「狂」並不少見，但說科學家「顛狂」則少得多。恰如「波希米亞式的」這個概念通常只用於藝術家而極少用於科學家一樣。看來，如果說麥金隆對建築家的研究強調了科學和藝術中創造性的某些共通方面的話，那麼，它並不能用於解釋藝術家迥異於科學家的那些獨特性。

因此，在審美心理學研究以及人格心理學領域，有些學者更關注藝術家與科學家之間人格差異。這些差異一方面是由於藝術創造和科學創造的性質不同所導致的，另一方面作爲兩種創造活動的主體，他們各自亦有自身的某些氣質。敏感浪漫的氣質在藝術家身上也許是優點，甚至是不可缺少的氣質，但放到科學家身上恐怕就不大合適了。梵谷和愛因斯坦各有性格特點，這對他們各自的創造性的活動來說是有利的。你很難想像將兩人的性格氣質顛倒過來，讓愛因斯坦亦「顛」亦「狂」，讓梵谷理智冷靜，辦事不差毫釐。在這一方面，英國心理學家卡特爾的研究值得關注。他和助手注意到，藝術家與科學家在許多方面不但有所不同，甚至是完全對立的。因此，他依據自己關於人格的基本理論，發現了藝術家與科學的全然不同。他指出：

> 也許創造性的科學家與創造性的藝術家完全不同。在藝術家中，特別是在十九世紀和二十世紀，神經症的、精神病的和吸毒的傾向太普遍了，以至於人們很難說明。這種情況至少包括某些作曲家，從貝多芬到拉威爾、巴托克，以及瓦洛克，他們的生活常常是騷動不安的和令人不快的。在一些作家中，從十九世紀的福樓拜、魯斯金、尼

采和斯特林堡，到二十世紀的普魯斯特、奧尼爾、托馬斯，這種傾向也十分明顯，這在畫家（梵谷、馬特里羅和蒙德里安）中也許更加突出。許多不同的解釋，諸如氣質的、社會學的和經濟的解釋，都極易受到藝術天才有精神異常而科學天才則不是這樣的理論的影響。[8]

那麼，藝術家和科學家的人格究竟有何差異呢？卡特爾的研究集中在這一問題上。他從自己關於人的十六種根源性的人格特質理論出發，指出藝術家和科學家在以下三個根源性的人格特質上相去甚遠，亦即幻想性、敏感性和能緊張性。

在幻想性層面，藝術家傾向於較高的一極，往往表現得重幻想、偏執、自滿和自我專注；而科學家則傾向於較低的一極，亦即表現出講求實際、沈著和誠實。在敏感性層面，藝術家同樣傾向於較高一極，它體現為敏感、內省、易衝動、多愁善感和直覺；相反，科學家則傾向於較低一極，其特徵是理智、善於控制情感、有邏輯性等。最後，在能緊張性層面上，藝術家偏向於較高一極，經常呈現出緊張困擾、激動不已等狀態；而科學家則趨向於較低一極，亦即心平氣和、閒散寧靜等。透過比較研究，卡特爾堅信，正是這些人格特質的不同導致了藝術家和科學家人格差異。「科學家的創造力總是透過許多不動情的、冷酷的事實練就的，因為在某種意義上是，科學家的理論總是必須在實踐中發揮作用。而藝術家的高能緊張則證實了如下結論：藝術家是受到較多挫折的人，高度的焦慮對藝術創作來說，不像對科學創造那樣有害。」[9]這一研究對於我們理解藝術家的獨特性是有所幫助的，也比較符合我們對藝術家的經驗的和常識的判斷。

天才說與文化說

　　心理學的研究向我們揭示了創造性藝術家的某些隱秘的層面，但僅有心理學的說明是不夠的。比如，米芾再顛狂，再有天賦，對歷史上其他書法家再蔑視，他也不可能脫離他所處的文化，並在其中接受薰陶和濡染。事實上正是如此，他之所以超越前人，乃是因爲他先接納了前人。換言之，對藝術家創造力的思考還必須回到社會學層面上來加以解釋，這樣才能完整地理解藝術創造的本質。因爲心理的事實最終必然還原爲社會的事實，藝術家絕不是在封閉孤立的環境中生存的，於是，創造力的社會因素不能忽略。

　　美學上關於藝術家創造才能的解釋，大約有兩種對立的看法，一是天才說，一是文化說。前者強調創造力乃天賦才能，絕非文化所能；後者堅信，任何創造力的獲得都有賴於特定的文化和社會。兩種理論似乎各有各的理。依據天才說，藝術家的創造才能絕不是後天習得的，比如莫札特四歲時能在半小時內學會演奏一首小步舞曲，並已開始作曲。一位熟悉莫札特的宮廷小號手在寫給莫札特姐姐的信中，提到了他四歲時作曲的情形，讀來使我們不得不相信，他的確是位天才：

　　　　在一次做完星期四的禮拜之後，我陪著你爸爸回到你家，發現四歲的沃爾夫剛（即莫札特——引者）手裏拿著鉛筆，正忙著。

　　　　你爸爸問：「你在做什麼？」

沃爾夫剛說：「我在寫鍵盤協奏曲，再一會兒第一部分就可以完成了。」

你爸爸說：「給我看看，一定非常了不起。」

你父親把樂譜接過來，把那滿布音符的塗鴉給我看，音符大多寫在改過的墨跡上。……起初我們還嘲笑這些塗鴉，可是不一會兒，你父親開始注意到真正的內容：那些音符，整首曲子。他專心地研究那頁樂譜，站了很久，最後兩滴眼淚——讚賞的、欣喜的眼淚——從他眼角流出。[10]

六歲時，莫札特已經開始了他一生的演奏生涯，舉辦音樂會，從薩爾斯堡到維也納，以至整個歐洲。顯然，莫札特的音樂天賦對其一生是起決定性作用的。他不是天才是什麼呢？

然而，莫札特的例子也可以換一個角度來解釋，即用社會學的觀點來解釋。你可以說，因為莫札特出生在一個音樂世家，他從小接受了音樂的薰陶，所以，音樂成為他生活中不可或缺的一部分，對他的童年產生了重大影響。設想一下，如果他生在一個與音樂隔絕的農民家裏，既無樂器把玩，又無家庭音樂會，更沒有那麼多精通音樂的家人和朋友，那他會有怎樣的人生道路呢？至少童年的天才軼事恐難尋蹤跡了。即使他有音樂天賦，也極有可能被埋沒。所以有理由認為，正是這種後天良好的音樂環境導致了他成為偉大的音樂家，成就了他的音樂天賦。

看來，天才說和文化說都只說對了一半，或許兩者合起來就是藝術創造力所以形成的真相。

從中國傳統美學上說，藝術創造的極高境界常常就是一種

「自然」，好像絕無文化的束縛和循規蹈矩。假如說文化的薰陶
和濡染是學會藝術的種種技藝的話，那麼石濤狂言一語中的：
「至人無法。」高明的藝術家是無法可依的，就像康德所言，天
才是給藝術制定規則的人。如果我們回到道家思想上來，這個
問題更加玄妙了，天才不過是「道法自然」（老子）而已。細讀
莊子「庖丁解牛」的故事，所謂藝術家的天賦也就是那種「合
於桑林之舞，乃中經首之會」的狀態，是「所好者道也，進乎
技矣」，所以「以神遇而不以目視；官知止而神欲行，依乎天
理」。庖丁完全進入一個「遊刃有餘」的境界，這就是藝術的極
高境界。宋代大詩人蘇軾頗有感觸地說到自己的散文寫作，
「吾文如萬斛泉源，不擇地而出，在平地滔滔汩汩，雖一日千里
無難，及其與山石曲折，隨物賦形而不可知也。所可知者，常
行於所當行，止於不可止，如是而已矣，其他雖吾亦不可知
也。」[11]一切仿佛自然天成，率性而發。

　　在西方美學中，也有一種傳統的區分頗有意趣。傳統上認
為，有兩種相對立的藝術家類型，一種叫做「心神迷亂」型，
另一種叫做「製作者」。或用比較道地的中國式表述，前者是
「天性」型的藝術家，後者是「工匠」型的藝術家。兩者區別在
於：前者是自發的、著迷的和預言性的詩人，後者是受過訓練
的、有責任心的工藝型的作家。前者多依賴自己的個性和天
性，在其創作中往往顯出較多靈氣、創見和本然的東西，而後
者則更偏向於技巧、規範和人為性，講求技法規則，循規蹈
矩。在美學上，一般認為前者是更富創造性類型，而後者相對
來說則較少創造性，較多工匠氣。如果用中國美學的話語來
說，前者是得藝術之「道」，後者是只得藝術之「技」。從這個
區分中，我們可以瞥見藝術創造性一些微妙的差別，前者似乎

更加倚重作家內在的天性的因素，而後者更強調後天的培養和訓練。

　　但問題在於，無論哪一種類型的藝術家，都要協調好內在天性和外在訓練之間的關係，缺少任何一方面都將嚴重影響到創造力的形成。但是，這種協調並不是墨守成規、亦步亦趨。從概念上說，有兩個要素構成了創造性的核心，第一是創新，亦即創始、首創和獨創。沒有新就沒有文化的進步和發展，也就沒有藝術那千差萬別的個性風格和表現形式。這一點在中國古典美學中有很多論述。所謂「人未嘗言之，而自我始言之」的說法，「不隨世人腳跟，並亦不隨古人腳跟。非薄古人爲不足學也，蓋天地有自然之文章，隨我之所觸而發宣之。」（葉燮）康德則以另一套語彙表明了同樣的思想：天才就是具有非凡想像力的人，這種想像力就體現爲獨創性，大自然透過藝術天才來爲藝術制定法規。所以，天才之作總是其他藝術家的典範。這就意味著，創造性的藝術家有一個重要的特質，亦即對現有的陳規和偏見的超越與批判。換一個角度說，一個社會的文化一方面給予藝術家的成長提供了必要的訓練和基礎，另一方面又不可避免地把文化所具有的惰性和陳規強加給藝術家，進而束縛和限制他們。於是，突破這些陳規和傳統、不斷創新便成爲他們的必然選擇。

　　據畢卡索的傳記記載，這位蜚聲西方畫壇的大師，經常出沒於一些兒童畫展。有一次參觀結束後，記者問他有何感想，畢卡索說了一句發人深省的話：「我和他們（指兒童——引者）一樣大時，就能畫得和拉斐爾一樣，但是我要學會像他們這樣畫，卻花去了我一生的時間。」[112]畢卡索的這段話究竟說的什麼意思？有人認爲這表現了大師的謙虛。其實不然，如果我們

把畢卡索的一席話和法國畫家柯羅的一段日記自白聯繫起來，
深刻的涵義昭然若揭。柯羅在日記中寫道：「我每天向上帝祈
禱，希望祂使我變成個孩子，就是說，祂可以使我像孩子那樣
不帶任何偏見地去觀察自然。」[13]也許我們可以這樣來理解畢
卡索的意思：他並不看中畫得和拉斐爾一樣好，他追求的是像
孩子那樣畫。因為只有像孩子那樣，他才能擺脫繪畫中的陳規
舊習，「不帶任何偏見地去觀察自然」。心理學的研究也發現，
具有創造性的成人身上，往往會呈現出「第二次天眞」或「還
童現象」。人本主義心理學代表馬斯洛指出：「我曾最強烈地意
識到這一點，因為他們既是非常成熟的，同時又是很孩子氣
的。我稱它為『健康的兒童性』或『第二次天眞』。」「創造性
在許多方面很像完全快樂的、無憂無慮的兒童般的創造性。它
是自發的、不費力的、天眞的、自如的，是一種擺脫陳規陋習
的自由，而且看來很大程度上是由『天眞的』自由感知和『天
眞的』、無抑制的自發性和表現性組成的。」[14]或許我們可以這
樣來描述社會文化與藝術家個體的關係，人的社會化和社會適
應就是讓你「長大成人」，甚至為了適應社會的種種規範和要求
而「拔苗助長」。於是，孩子變得不再「孩子氣」，成人則變得
愈加世故老道。我們失去的正是柯羅所說的「不帶偏見地去觀
察自然」的「兒童眼光」，於是，我們更多地是依照長輩、家
長、師長和權威的指示去做，是按規章辦事，是循規蹈矩地生
存，這就和我們與生俱來的童心和創造潛能失之交臂。這不能
不說是一件憾事！

　　在提倡素質教育和人文素養的今天，在應試教育日益重技
輕道的今天，強調審美的創造性顯得尤為重要。現在，我們正
面臨著人類歷史上空前的「泛創造性」的時代，創造性已不再

是少數藝術家或科學家的特權，它日益成為每一個人追求的目標。馬斯洛說得好：一個燒一流湯的廚師比一個畫二流畫的畫家更具創造性。因此，提倡和培育創造性顯得尤為迫切。保留我們每一個人自己的「兒童天性」，喚醒我們的「第二次天真」，不再是一個可有可無的任務。在這方面，美學和審美教育將承擔自己的重任。

馬克思說過，人是「按照美的規律來塑造」的，這種塑造不僅是對客觀世界的塑造，同時也是對人自身的塑造。創造性之於人，乃是他的本質和必然性。哲學家說得十分精闢，人類的本質就在於其創造性：

> 創造性在今天被認為是最重要的人類特質。我們推理的能力不僅是認識的能力，也是構成力和創造力。我們之所以無與倫比，不僅僅是因為我們具有一幅綜合的、客觀的世界圖畫，我們還能建造一個我們自己的世界，並生產出宗教、法律、藝術，簡言之，產生出全部文化領域。「智慧的人」正與「發明的人」是同一個意思。[15]

註　釋

[1]《柏拉圖文藝對話錄》，第7-9頁。

[2]韋勒克、沃倫，《文學理論》，三聯書店，1985年版，第82頁。

[3]轉引自潘天壽，《中國繪畫史》，上海人民出版社，1983年版，第250頁。

[4]R. S. Albert, (ed.), *Genius and Eminence*, Oxford: Pergamon, 1983, p.307.

[5]《法國作家論文學》，三聯書店，1989年版，第199-200頁。

[6]*Genius and Eminence*, pp.303-304.

[7]*Genius and Eminence*, pp.291-295.

[8]R. B. Cattell & H. J. Butcher, "Creativity and Personality", in P. E. Vernon, (ed.), *Creativity*, Harnoondsworth: Penguin, 1970, p.315.

[9]同上， p.322.

[10]伍德福特，《莫札特》，江蘇人民出版社，1999年版，第15-16頁。

[11]蘇軾，〈文說〉，《中國歷代文論選》第二卷，第310頁。

[12]見潘羅斯，《畢卡索生平與創作》，人民美術出版社，1986年版，第339頁。

[13]《西洋名畫家論繪畫技法》，第73頁。

[14]馬斯洛，《存在心理學探索》，雲南人民出版社，1987年版，第87、124頁。

[15]蘭德曼，《哲學人類學》，貴州人民出版社，1988年版，第158頁。

關鍵詞

藝術家　創造性　創造性的人格　精神分析　天才說　文化說

風景 9. 看蒙娜麗莎看

在接受這方面，審美經驗與日常世界的其他活動的不同之處在於它特有的暫時性：它使我們得以進行「再次觀察」，並透過這種發現來給我們的現實以滿足的快樂；它把我們帶進其他的想像世界，由此適時地突破了時間的藩籬；它預設未來的經驗，由此揭示出可能的行動範圍；它使人們能夠認識過去的或者被壓抑的事情，由此使人們既能保持奇妙的旁觀者的角色距離，又能與他們應該或希望成為的人物作遊戲式的認同；它使我們得以享受生活中可能無法獲得或者難以享有的樂趣；它為幼稚的模仿以及在自由選擇的競賽中所採用的各種情境和角色提供了具有典型性的參照系。最後，在與角色和情境相脫離的情況下，審美經驗還提供機會使我們認識到，一個人自我的實現是一種審美教育的過程。

——姚斯《審美經驗與文學解釋學》

現在，我們對美學風景的欣賞已接近尾聲。

從恢宏開闊的博大景觀，到執於一隅的局部景象，相信你對其中的一些風景一定留下了深刻的印象。就像是對九寨溝高山湖泊的欣賞，或是對海南島「天涯海角」的品味一樣，我們對美學風景賞析，不但需要眼觀，同時需要用心體會。

你也許注意到了，依照藝術四要素的理論格局，還有一個因素尚未進入我們的眼簾細心審視，那就是你這樣的欣賞者。不消說，欣賞者是完整的審美活動中非常重要的一環。傳統的理論通常對欣賞者關注不夠，在傳統美學格局中，現實、藝術家和藝術品往往是被強調的三個要素，而欣賞者的角色不是可有可無，就是無足輕重。傳統美學向現代美學的過渡，欣賞者逐漸佔據了美學思考的中心。道理很簡單，如果缺少欣賞者，一切審美活動都不復存在。《離騷》和《紅樓夢》被偉大的作家寫出來，卻沒有閱讀這些文學傑作的讀者，它們便永遠處於沈默的狀態；有《蘭亭序》和《清明上河圖》，但缺乏仔細琢磨玩味這些字畫的欣賞者，它們也只能深藏在博物館的展櫃裏。更進一步，不但這些偉大的藝術品被冷落了，而且創造他們的偉大藝術家也被後人無情地忘卻了。於是，現代美學提出了一個嶄新的觀念：藝術的歷史不只是偉大藝術家及其藝術品的歷史，更是這些大師傑作被受眾（各類欣賞者）接受的歷史。缺乏審美接受這一環，美學將是不可想像的。

順著這個思路來作美學的思考，我們不由得走到了審美接受的圖景面前。

看《蒙娜麗莎》

　　是藝術把我們帶入一個新的境界，一個想像的世界。很難想像，人類社會如果沒了藝術該會是什麼樣子。中華民族的文化，如果沒有《詩經》、漢賦、唐詩、宋詞、元曲、明清小說，沒有書法、建築、戲曲、繪畫和雕塑，那歷史該是什麼模樣？同理，西方文化如果少了荷馬史詩、希臘雕塑、文藝復興三傑、貝多芬的交響曲、梵谷的油畫，那又會怎樣？用黯然失色來形容顯然並不過分。

　　藝術是民族的備忘錄，是文明的書記官，是歷史的見證人……

　　我們所以熱愛藝術，因為藝術激發了我們的情感和想像力；我們鍾情於藝術，因為藝術讓我們超越了刻板平庸的日常生活；我們流連於藝術，更因為在藝術中，我們瞥見了過去、現在和未來，我們在藝術中映現了我們自己。哲學家卡西爾說得好：藝術作品的靜謐乃是動態的靜謐而非靜態的靜謐。藝術使我們看到的是人的靈魂最深沈和最多樣化的運動。但是這些運動的形式、韻律、節奏是不能與任何單一情感狀態同日而語的。我們在藝術中所感受到的不是那種單純的或單一的情感性質，而是生命本身的動態過程，是在相反的兩極——歡樂與悲傷、希望與恐懼、狂喜與絕望——之間的持續擺動的過程[1]。

　　一件藝術品首先是一件人造物，但人造物不同於審美對象。從人造物轉變為審美對象，乃是欣賞者的作用。沒有人去的美術館是死氣沈沈的，沒有人閱讀的圖書館是沒有生命的，

沒人光顧的音樂廳和劇院不過是一幢悄然無聲的建築而已。從一個物質存在（作為人造物的藝術品），變成為一個關於主體的精神存在（審美對象），這裏有很多美學問題可深究。

　　讓我們假想一個美學的情境，你正徜徉在法國巴黎的羅浮宮，在文藝復興繪畫作品的展廳裏，達文西的名作《蒙娜麗莎》展現在你的面前。此時，你注視著這幅偉大的作品，調動一切記憶和知識儲備，欣賞著這幅傑作。也許，你折服於大師卓越的表現力，也許，你歎服於大師的深邃洞察力，也許……，也許……

　　歷史上，已有無數的文人墨客吟詠過這幅無與倫比的傑作。我們不妨從一位法國華人學者的眼光來審視這幅畫，開始一次審美體驗的旅行！

　　羅浮宮是法國最著名的博物館之一，以收藏古典藝術品而蜚聲世界。兩件鎮館之寶吸引了來自世界各地的藝術愛好者，一件是希臘雕塑《米洛的維納斯》，一件是達文西的名作《蒙娜麗莎》。《蒙娜麗莎》典藏於德農館第六展室，每一天，第六展室的這幅畫前人頭攢動，觀者如雲。人們慕名而來，為的是一睹這幅傑作的風采。

　　其實，它對我們並不陌生，在廣告上，在畫冊上，在明信片上，甚至在文化衫上，「蒙娜麗莎」頻頻出場亮相。一些行家說，這種到處泛濫的熟悉其實妨礙了我們對原作的欣賞，因為我們很難產生新鮮的印象。因此，「我們不妨忘卻我們所瞭解到的或我們自以為所瞭解到的有關此畫的一切，就像初次看到它一樣來觀賞它。這樣，我們就會感到，它給我們的第一個印象是蒙娜麗莎那種達到了驚人程度的生動神態。她似乎看著我們，並在想著自己的心事。她彷彿一個活生生的人一樣在我

們面前改變著自己的神態，我們反覆觀看，每一次都會產生一點不同的感受。」[2]

　　旅法學者熊秉明先生有一篇精彩的散文，題為《看蒙娜麗莎看》，在這篇散文中，作者生動地分析了自己觀畫的複雜感受，精鶩八極，浮想聯翩，生動地揭示了審美欣賞的諸多特徵。文章是這樣開頭的：

> 　　面對一幅畫，我們説「看畫」。
>
> 　　畫是客體，掛在那裏。我們背了手湊近、退遠、審視、端詳、聯想、冥想、玩味、評價。大自然的山水、鳥獸、草木，人間的英雄與聖徒、好女與孩童、愛情與勞動、戰爭與遊戲、歡喜與悲痛，都定影在那裏，化為我們「看」的對象。連上想像裏的鬼怪和神祇、天堂與地獄、創世紀與最後審判；連上非想像裏的抽象的形、純粹的色、理性擺布的結構、潛意識底層泛起的幻覺，這一切都不再對我們有什麼實際的威脅或蠱惑。無論它們怎樣神奇詭譎，終是以「畫」的身分顯示在那裏，作為「欣賞」的對象，聽憑我們下「好」或者「不好」的評語。
>
> 　　欣賞者──欣賞對象。[3]

　　作者從看畫說起，切入了美學上經常談論的一對範疇：審美主體和審美對象。所謂審美主體亦即欣賞者，那個觀畫的人，在這個情境中就是作者自己。所謂審美對象以及欣賞對象，在此就是那無與倫比的《蒙娜麗莎》。審美主體和審美對象，以及欣賞者和欣賞對象，乃是相對的概念，彼此相輔相成。這就引申出一個頗為有趣的問題，在審美情境中，也就是說，只有當一個主體以一種特殊的審美態度去觀照一個對象

（或是大自然，或是藝術品）時，審美主體和審美對象的特殊關係才形成。此刻，作者是在看「畫」而不是什麼別的，他既不關心這幅畫價值連城的商業意義，也不想知道畫所用的油彩的化學成分，甚至忘卻了自己的「祿位、田宅、妻子」等現實事物，一個人「孤獨地」沈浸於當下想像的情境裏，忘我地、出神地欣賞著這幅畫，「背了手湊近、退遠、審視、端詳、聯想、冥想、玩味、評價。」作者說道：畫中的「一切都不再對我們有什麼實際的威脅或蠱惑。無論它們怎樣神奇詭譎，終是以『畫』的身分顯示在那裏，作爲『欣賞』的對象」，這是表明「畫」的世界不再是一個現實的世界，因此不存在「實際的威脅

圖9-1　　《蒙娜麗莎》

216

或蠱惑」。換言之，是作者（乃至一切欣賞者）把它視爲一幅專供賞析的「畫」，而非其他什麼。這種心理過程在美學上就稱之爲審美態度。

那麼，什麼才是審美態度呢？朱光潛先生曾說道，面對一棵古松，不同的人會產生不同的態度。木材商關心的是木材值多少錢，植物學家關心的是古松的根莖花葉、日光水分，但畫家面對古松則是另一種心態，他什麼都不管，只是聚精會神地觀賞松的蒼翠的顏色、盤曲如龍蛇的線紋以及不屈不撓的氣概。這三種態度迥然不同，木材商是實用的態度，植物學家是科學的態度，而畫家則是審美的態度。「實用的態度以善爲最高目的，科學的態度以眞爲最高目的，美感的態度以美爲最高目的。在實用態度中，我們的注意力偏在事物對於人的利害，心理活動偏重意志；在科學態度中，我們的注意力偏在事物間的互相關係，心理活動偏重抽象思考；在美感的態度中，我們的注意力專在事物的形象，心理活動偏重直覺。」[4]

小資料：審美態度

審美態度被認爲是體驗或觀照對象的一種特殊方式。據說這種態度獨立於任何與實用性、經濟價值、道德判斷或特殊個人情緒有關的動機之外，它關心的只是「爲自身的原因」來體驗對象。具體來說，欣賞者的狀態是一種純然超脫的狀態，沒有任何針對對象的欲念。審美態度也可以視爲超越經驗現實一般理解之上的非同尋常的昇華插曲，或簡單地看作是一種高度受動性狀態，在這種狀態中，我們對對象的感知比起我們所具有的其他欲念和動機更加自由不拘。所以，「無功利的」這個

術語常常用於這樣一種態度。

　　　　——《牛津哲學指南》（牛津大學出版社，1995年版）

　　簡單地說，審美態度是人對審美對象產生的一種必然如此的心理傾向。面對一幅畫，甚至是一片自然風景，欣賞者暫時忘卻了其他任何功利的現實的考慮，只為欣賞對象而感受體驗它。這時，主體與對象便構成了一種特殊的關係。我們很難想像一個人進入審美情境時，仍在心裏記掛著柴米油鹽，考慮諸多實際事務。所以，有的美學家把審美態度描述為主體與對象的一種特殊的「心理距離」，有的美學家則斷言審美態度是日常意識的暫時「中斷」，等等。

　　從欣賞《蒙娜麗莎》的情境來看，欣賞者—欣賞對象是一相對的關係範疇，沒有欣賞者就不存在欣賞對象，反之亦然。如果畫掛在美術館的牆上無人光顧，它便失去了審美對象的意義。與此對應，一個人如果以功利的態度對待畫（比如計算畫的價值或想占有它），那也不存在審美主體。這種關係恰似一枚硬幣的兩面。掛在那裏的畫遭遇了一個前來欣賞他的人，或者說，一個人以審美的眼光津津有味地欣賞著面前的畫。審美對象相對於審美主體而存在，同理，審美主體又相對於審美對象而存在。這種關係提醒我們注意到一個事實，不存在脫離審美主體的審美對象，也不存在與審美對象無關的審美主體。一幅畫如果沒人去看，它將成為一個默默無聞的人造物被遺忘在博物館裏；一部小說倘若沒人去閱讀，也只能靜靜地躺在書架上，成為無人問津的印刷物。從美學的角度說，一個人造物或一片自然風景並不直接等同於一個審美對象，作為物品的藝術

品或自然風景只有在遭遇了欣賞者那渴望而流連的目光後，才完成這一轉變。也只有實現這個轉變，審美活動才最終得以完成。

　　相傳明代哲學家王陽明有一次和友人遊南鎮，一人指著山間的花樹問道：「此花在深山中自開自落，於我心亦何相關？」王陽明答道：「你未看此花時，此花與汝同歸於寂；你來看此花時，則此花顏色一時明白起來；便是此花不在你的心外。」這話什麼意思呢？當人不去觀照它時，花雖在山裏，卻是默默無聞而又黯然失色，花開花落，自生自滅，並不是我們欣賞的對象。反之，當人把欣賞目光投向花朵，那花仿佛在瞬間向人敞開，變得明亮鮮豔起來。這說明，欣賞過程是主體和對象融彙一體的複雜過程，哲學家沙特曾形象地描述說：一片風景，如果沒有人去觀照，它就失去了「見證」，因而將不可避免地停滯在「永恒的默默無聞狀態之中」。換言之，任何一個審美對象，無論它是一部藝術作品，抑或一片自然風景，它們都等待著欣賞者去發現，召喚著人們的介入。這說明，藝術創作的完成並不意味著藝術活動的終結。作家在文稿上寫上句號，但對讀者來說，這個句號是未完成的，是欣賞的開始，有待讀者去解讀；同理，畫家在畫面上簽上大名，也不表明藝術過程結束了，而是召喚著觀眾的眼光。美學家杜夫海納說得好：「一個劇本等待著上演，它就是為此而寫作的。它的存在只有當演出結束時才告完成。以同樣的方式，讀者在朗誦詩歌時上演詩歌，用眼睛閱讀小說時上演小說。因為書本身還只是一種無活力的、黑暗的存在：一張白紙上寫的字和符號，它們的意義在意識還沒有使之現實化之前，仍然停留在潛在狀態。」[5]

　　從常識上說看，欣賞中主體與對象的關係一般來說，人

（主體）是主動的，而對象（藝術品或自然）則是被動的，它們
等待著人去發現和欣賞。其實，從辯證的觀點來看，對象從來
不是被動的，有些美學家（如波蘭美學家因加登等）堅持認
爲，審美對象本身具有一種「召喚結構」，它不斷地向人發出邀
請，籲請欣賞者進入它的世界。這個特徵在《蒙娜麗莎》上體
現得更是明顯。藝術史上，對這幅畫的另一別稱是「謎一樣的
微笑」，說的是畫面上的婦人神秘的微笑，仿佛有意要欣賞者猜
測和琢磨一樣。有人說，這正是該畫獨具魅力所在。達文西出
色地運用了自己的藝術天才，巧妙地在蒙娜麗莎眼角和嘴角處
經營了柔和的陰影，使其神態變化莫測，充滿了神秘感。更有
趣的是，藝術史家們發現，無論觀眾站在畫前的什麼位置看
畫，畫中人都以神秘的微笑注視著觀者。正所謂熊秉明先生
《看蒙娜麗莎看》的用心所在。作者在看蒙娜麗莎，蒙娜麗莎也
在看作者吶！於是，作者發出了如下感慨：

> 　　然而走到蒙娜麗莎之前，情形有些不同了。我們的靜
> 觀受到以外的干擾。畫中的主體並不是安安穩穩地在那裏
> 「被看」、「被欣賞」、「被品鑒」。相反，她也在「看」，在
> 凝眸諦視、在探測。側了頭，從眼角上射過來的目光，比
> 我們的更專注、更鋒銳、更持久、更具密度、更蘊深意。
> 她爭取著主體的地位，她簡直要把我們看成一幅畫、一幅
> 靜物，任她的眼光去分析、去解剖，而且估價。她簡直動
> 搖了我們作爲「欣賞者」的存在的權利和自信。（《看蒙娜
> 麗莎看》，第1-2頁）

蒙娜麗莎似乎在與其觀眾爭著什麼。她絕不是一個被動的
任人擺布的奴僕，站在她面前，分明有一種平等的、互動的、

交往的籲求。其實，這正是審美欣賞的一個非常重要的特徵
——對話性。欣賞不同於一般的交流，主體和對象之間是平等
的、互相依存的關係。只不過《蒙娜麗莎》獨特的藝術魅力更
加凸顯了審美欣賞的這個特徵而已。所以作者深切感悟到畫面
上那人物更敏銳、更持久的目光。因為她竭盡全力也使自己成
為一個主體，一個反轉過來欣賞著觀看她的觀眾的主體。這也
許正是「看蒙娜麗莎看」這一獨特表述的深義所在。

　　於是，作者體會到藝術欣賞中的一個微妙的、變化著的關
係：

　　　　這樣的畫和我們的關係，也不僅只是「欣賞者——欣
　　賞對象」的關係。他們也有意要我們驅逐到欣賞領域以外
　　去，強迫我們推倒存在的層次，在那裏被擺布、被究詰、
　　被拷問、被裁判、被憐憫、被扶持、被擁抱。（同前，第3
　　頁）

　　確乎如此，當我們站在這幅畫面前，你分明感到蒙娜麗莎
的眼光：「她看向你，她注視你，她的注視要誘導出你的注
視。那眼光像迷路後，在暮色蒼茫裏，遠遠地閃起的一粒火
球，耀熠著，在叫喚你，引誘你向她去。而你也猝然具有了鴟
梟的視力，野貓的輕步，老水手觀測晚雲的敏覺。」（同前，第
3頁）

進入「謎一樣的微笑」

　　美學上有一種說法認為，審美的狀態乃是一種「日常意識

的中斷」，即是說，當欣賞者凝神專注於一個欣賞對象時，暫時忘卻了自己和現實世界的聯繫，進入了一個想像的情感的世界。這時他暫時忘記了自己，處於一種哲學家所說的「自失」狀態。閱讀《紅樓夢》，你流連於大觀園的世界，與各色人物共歡樂，同悲傷；吟誦《離騷》，你沈浸在屈子那一唱三嘆的悲憤情懷之中：「忳鬱邑余侘傺兮，吾獨窮困乎此時也；寧溘死以流亡兮，余不忍為此態也！」；聆聽柴可夫斯基的《第一鋼琴協奏曲》，你為那博大激蕩的悲劇情懷所深深感染。這時，作為欣賞者，你就進入了一個如王國維所言的「無我之境」：「無我之境，以物觀物，故不知何者為我，何者為物。」

換一個角度來說，這種審美欣賞的狀態又可以視為藝術世界籲請欣賞者所致。你「自失」於一個想像性的藝術世界，暫時忘卻了自己當下的現實存在。因為藝術品本身就是一個完整的充滿活力的世界。詩人布萊克詩曰：「一花一世界 ／ 一沙一天國 ／ 君掌盛無邊 ／ 剎那含永劫。」這種意境可以用來描述藝術的世界。在審美的境界裏，你的典型體驗是：「我在世界上，世界在我身上！」

那麼，你作為欣賞者是如何進入藝術品的世界呢？

「看畫」這個動賓結構似乎表明了欣賞的過程，看是主體的一個動作，畫是動作的對象，你看畫便進入了藝術的世界。其實，欣賞的審美過程遠比「看畫」兩字要複雜得多！

美學上關於審美觀照（欣賞）的過程有種種不同說法，它是一個複雜的過程。以聽音樂為例，這個過程至少可以區分為不同的階段。美國音樂家科普蘭把聆聽音樂的過程描述為三個階段：第一個階段是「美感階段」，這時聽眾是純粹為了音響的優美動聽而感受樂曲，不需要任何方式的思考，單憑音樂的感

染力就被帶入一種無意識的而又充滿魅力的心境之中。第二個階段是「表達階段」。在這個階段，聽眾開始琢磨和體會樂曲的主題思想和意義，體味樂曲所傳達的情感，比如馬勒作品中的悲劇性，莫札特作品中的歡快情調，拉赫馬尼諾夫作品的浪漫情懷，德沃夏克作品中的懷鄉愁情等等。第三階段是所謂「純音樂階段」。在這個階段，情感和主題已經淡化，呈現在聽眾面前的是音符和不同處理方式，特別是那些有音樂修養的聽眾，他們有意識地玩味著樂曲的旋律、節奏、和聲和音色，透過曲式來把握樂曲的美妙。

　　不同於音樂家，哲學家更加深刻地解釋審美現象。在德國哲學家哈特曼看來，欣賞音樂的過程也是三個階段，它們與科普蘭的概括有異曲同工之妙：

　　　　第一階段：聽者直接共鳴的層次。
　　　　第二階段：深入樂曲中而內心感動的層次。
　　　　第三階段：形而上學的層次（終極事物的層次）。

　　引申開來，我們可以對這三個階段審美觀照的理論稍作發揮。第一階段，所謂直接共鳴的階段，是指欣賞者面對審美對象，「收視返聽」，「用志不分，乃凝於神」。切斷了與周圍現實世界的聯繫，專注於當前的作品，並和作品產生了共鳴。比如，在詩歌中讀到了文字、韻律、意象等等；在音樂中，聽到了樂音、和聲和旋律等等；在繪畫中，看到了畫面所表現的具體物像和色形線等。直接共鳴階段就是作品對欣賞者的最初印象或直接資訊。這個階段大體上相當於科普蘭的「美感階段」。

　　第二階段是深入到作品的內部，進入了更富想像和體驗的世界。這時，欣賞者不僅看到、聽到和讀到了作品的表層意

義，而且透過這些符號把握到其後複雜的深邃意味。至此，欣賞者反覆地穿梭於作品表層直接資訊與作品深層意蘊之間，調動自己的想像力和情感體驗，沈浸到作品的世界之中，「精騖八極，心遊萬仞」。這個階段與科普蘭的「表達階段」大致相當，聽眾被樂曲的主題和情調所感染，心有所動，情有所感。

第三階段完全是哲學家思想的表現，是一個昇華過程。欣賞者由具體作品進入了更加帶有哲學意味的境界。這時，欣賞者不但反覆玩味著作品的意蘊，而且由此激發了對更加普遍深刻的事物的關懷和體認，深入到帶有形而上學意義的命題的體驗。諸如人生、歷史和世界等宏大的關切由此而生。這是一種超越的體驗，是審美欣賞中最神秘的部分。哈特曼將其表述為進入形而上學的層次，進入了對終極事物的境界。

以下，我們跟隨《看蒙娜麗莎看》的作者思路，一面去欣賞這幅古典繪畫的傑作，一面去逐個階段地探尋審美的奧秘。

當作者面對《蒙娜麗莎》時，他首先看到了畫面上直接呈現給他的東西，一個貴族少婦展現在面前：

在她的肌體發育到一定的時刻，便泛起飽和的滋潤和鮮美。皮膚的色澤，勻淨純一之至，從紅紅到白白之間的轉化，自然而微妙，你找不到分界的跡象。肢胴的圓渾，勻淨純一之至，你不能判定哪裏是弧線，哪裏是直線，辨不出哪裏是頸的開始，哪裏是肩的消失。你想努力去辨析，而終不能。……她在心靈成熟到一定的時刻，便孕懷著愛和智慧，寬容與認真，溫柔與剛毅，對生命的洞識和執著。她的軀體仍有美，然而鋒芒已稍稍收斂了。活力仍然充沛飽滿，然而表面的波淪已經平靜了。……她懂得愛

了，而且也愛過，曾經因愛快樂過，也痛苦過，血流過，
腹部顫慄過。她如果有誘惑，她能意識到那誘惑的強度，
和所可能導致的風險。她是那誘惑的主人。她是謹慎的，
她得掌握住自己的命運，以及這個世界的命運。（同前，
第3-4頁）

作者面對一幅畫，思緒萬千，畫面的直接印象不斷地轉化
爲間接的聯想：從蒙娜麗莎的肌膚面容，到她由少女轉向少婦
的成熟，從她遭遇愛情的激動到經歷愛的苦痛和誘惑，從她面
臨的危險，到努力掌握自己命運，意味無窮。

第二階段，作者從畫面的直接內容進一步昇華，調動了自
己的想像，完全沈浸在《蒙娜麗莎》的世界中。作者在畫中不
但看到了貴族少婦蒙娜麗莎，而且從畫中看到了欣賞者自己：
不僅被畫面人物的神秘誘惑所吸引，而且由此而產生複雜的情
感體驗：

> 她知道她在做什麼。她向你睨視，守候著。她在觀
> 察。像一雙優美的疊合的手，耐心地期待。
>
> 她睨向你，等你看向她。她誘惑你的誘惑，等待你的
> 誘惑。
>
> 假使你不敢回答，她也只有緘默。假使你輕率地回
> 答，她將莞爾報以輕蔑的微笑。假使你不能毅然走向她，
> 她絕不會迎向你。她在探測你的存在的廣度、高度、深
> 度、密度，她在探測你的存在的決心和信心。
>
> 她的眼睛裏有什麼秘密麼？你想窺探進去，尋覓，然
> 而沒有。欠身臨視那裏，像一眼井，你看見自己的影子。
> 那裏只有為她所觀測、所剖析你自己的形象。像一面忠實

的明鏡，她的眼光不否定，也不肯定。可能否定，也可能
肯定，但看我們自己的抉擇和態度。⋯⋯她的眼光是一口
陷阱，將我們的過去、現在和未來都一併活活地捕獲。如
果那眼光裏有秘密可尋，那正是我們的彷徨、惶悚、緊
張、狼狽。愛麼？不愛麼？To be or not to be?

　　她終不置可否，只靜待你的聲音。她似乎已經料到你
的回答，似乎已經猜透了浮誇、輕薄、怯懦，似乎已經察
覺到你的不安、覺醒，以及奮起，以及隱秘暗藏的報復
──於是嘴角上隱然泛起微笑。（同前，第4-5頁）

到了第三階段，作者不但瞭解了畫面提供的直接意義，並
將自己帶入畫的世界而產生情感體驗，而且開始了更加深邃的
追問和遐想。他不但探索畫面表層意義和畫面後的深層意義，
而且展開了與畫家的對話，並從畫家的生平經歷中提煉出更多
的帶有哲學意味的問題。這顯然表明，對繪畫作品的欣賞是不
斷昇華的精神歷程，是一個由表及裏、由淺入深的心路歷程。

　　神秘的笑。因為是一種未確定的兩可的笑。並無暗
示，也非拒絕。不含情也非嚴肅的矜持。她似關切，而又
淡然。在一段模稜不定的距離裏，冷眼窺測你的行止。

　　達文西是置身於這可怕的眼光中的第一人。而他就是
創造這眼光的人。他在這可怕的眼光中一點一點塑造這眼
光的可怕。

　　世界上的一切，對達文西來說，都一樣是吸引，激起
他的探索，是對他的能力的測驗、挑戰。

　　向高空飛升，自高空而降的隕落；水的浮，水的流；

火的燃燒，火的爆炸力跨過齒輪，穿過槓杆，變大，縮小，棲在強弩的弦上。雲的形狀，山峰的形狀，迷路在山頂的海貝，野花瓣萼的編制，獸體的比例，從獅子的吼聲到蒼蠅翅膀的嗡嗡……都引起他的訝異、探問、試驗。……神與魔，光與影，美與醜，物和心都給他同等研究、探索、描繪的欲求和興致……

　　但是，女人，這一切誘惑中的誘惑，他平生沒有接近過。他不但不曾結婚，而且似乎沒有戀愛過。翻完那許多手稿幾乎找不到一點關於女人在他真實生活裏的記錄。……達文西和蒙娜麗莎，也就是達文西和女性的關係。而達文西和女性的關係，也就是達文西和世界一切事物的關係。一切事物都刺激他的好奇、追問，一切事物於他都是一種誘惑，而女性的誘惑是一切誘惑的集中、公約數、象徵。（同前，第5-9頁）

　　至此，作者展開了一段帶有哲學意味的玄思冥想，將達文西與他表現對象之間的關係，上升到哲學高度來推證：「這純誘惑與追求之間有一條形而上學的距離，如果誘惑者和被誘惑者一旦相接觸了，就像兩個磁極同時毀滅。沒有了誘惑，也沒有了追求。這微笑的顧盼是一永遠達不到的極限，先驗地不可能接近的絕對。於是追求永在進行，誘惑也永在進行。無窮盡地趨近。」（同前，第9頁）這就解釋了為什麼《蒙娜麗莎》總是帶有「謎一樣的微笑」，這不只是一個藝術表現技法問題，諸如眼角和嘴角這些最富表情的部位處理微妙的陰影，而且是一個哲學問題，是一個畫家與其所表現人物之間複雜的若即若離的心理關係，也就是畫家與其世界的關係。所以，神秘才從畫

面隱現出來，成為藝術史上不可企及的典範。

　　　而此刻，我們，立在達文西坐著工作了多少昏晨的位
　　置上，我們看蒙娜麗莎的看。在蒙娜麗莎的目光焦點上，
　　她不給我們欣賞者以安適、寧靜，她要從我們的眼竅裏攝
　　出諦視和好奇，搜出驚惶與不安，掘出存在的信念和抉擇
　　的矯勇，誘惑出愛的熾燃，和愛之上的追問的大欲求，要
　　把我們有限的存在扯長，變成無窮極的戀者、追求者、奔
　　馳者，向落在太空裏的人造星，在星際，在星雲之際，永
　　遠飛行，而死在尚未觸到她的時分，在她的裙裾之前三步
　　的距離裏。（同前，第13頁）

　　至此，作者已從一個婦人的肖像暢想開去，探問到許多人世
間的生存和意義問題，藝術家與其世界的關係問題，男人和女人
的關係，甚至觸及到探問本身的性質。我想，你凝視《蒙娜麗莎》
時，都會有自己的遐想和感悟，將自己對人生和世界的理解融入
其中，透過畫家的眼光去看蒙娜麗莎，又透過自己的眼光去看蒙
娜麗莎看欣賞者自己。這目光的交流和互動，這思緒的遊弋和碰
撞，便構成了審美活動那充滿活力的動態過程。

審美趣味

　　也許，你會說，《看蒙娜麗莎看》的作者是一位具有很高
美學修養的人，他從《蒙娜麗莎》中體悟到的東西，絕非一般
欣賞者所能。這話有一定道理。俗話說，「外行看熱鬧，內行
看門道。」不同的美學修養自然決定了不同的欣賞效果。上文

作者深諳西方藝術史，又有藝術實踐經歷，欣賞起畫來自然非同常人。這就從另一個角度提出了審美趣味的培育問題，審美教育的核心任務就是不斷提高人們的欣賞趣味。

那麼，何為審美趣味呢？

從西語的詞源學角度說，趣味概念來源於拉丁語「品嘗」，經由美學家的不斷限定，趣味在美學中的意義大約包含這樣幾層意思。首先，趣味是一種鑒賞力，是審美活動中主體對對象的鑒賞判斷。從美學史角度說，趣味往往可以區分為「良好的趣味」和「糟糕的趣味」。它們通常和藝術中的經典和規範相關。能夠欣賞品鑒這些經典，或者說被這些經典所薰陶的趣味，就是「良好的」，反之則是「糟糕的」。其次，趣味又是一個主體範疇，標誌著個體對特定對象所呈現出來的審美偏愛。即是說，趣味是一種選擇性的判斷。從詞源上說，趣味原本是指品嘗，它與個體的口味有關。有人喜歡鹹，有人喜歡淡，所以美學上有一句諺語，叫「趣味無爭辯」。這種觀念似乎又否定了前面關於趣味好壞的標準，既然是無爭辯的，也即趣味是相對的。這個意義上的審美趣味其實很接近道家美學所說的「味」。比如老子說「道之出口，淡乎其無味」，他又說「為無為，事無事，味無味」。這就是一種趣味了，所以老子又說「恬淡為上，勝而不美」，王弼發揮說，「以恬淡為味」，這些論述都鮮明地標示出中國古代美學的審美趣味。我們在前面討論中國美學特徵時已有所論述，這裏不再展開。

小資料：審美趣味

趣味這個詞最初來源於拉丁語「品嘗」。其專門的含義（亦

即五官之一）後來被拓寬了，並被比喻性地加以使用。存在著諸多不同的趣味。比如，在文藝復興時期的歐洲，藝術和設計中的趣味——常常是富有而熱衷於自己形象的人之特權——是建立在對古希臘和羅馬的雕像的模仿基礎之上的，從髮式到文學形式，從雕塑到花園設計。與此相反，在二十世紀早期，現代主義則把趣味視爲一個與形式和功能密切相關的領域，與機器生產的純粹性和新技術材料密切相關。後現代主義的出現則提出了如下難題，「良好的」或「糟糕的」趣味概念是怎樣和階級、社會狀況、種族以及性別聯繫在一起。當代關於趣味的觀念很大程度上是忽略經典而熱衷於折衷主義的美學，這種美學接納來自世界上每一種類型和各種水平的文化。

——《布魯斯伯里人類思想指南》（布魯斯伯里出版公司，
1993年版）

　　審美趣味是美學的核心問題之一，也是美育的重要課題。不同的時代有不同的審美風尙，它凝聚在不同的審美趣味之中；而不同的民族亦有自己特定的審美趣味，比如中國古典藝術中體現出的種種審美趣味；再者，不同個體亦有各自的審美偏愛，有人喜歡聽音樂，有人喜歡讀小說，還有的人熱衷於欣賞戲劇，即使是喜好同一種藝術，也有對不同風格的偏愛之分。回到《蒙娜麗莎》的欣賞上來，《看蒙娜麗莎看》的作者熊先生顯然有很好的藝術修養和審美趣味，因而對《蒙娜麗莎》的賞析極有想像力，不但對畫面本身的意味作精細解讀，而且跳出作品，進入了達文西的生平經歷，並連帶出許多富有哲學意義的問題。毫無疑問，不斷地有意識地培育自己的審美趣

味，使之能欣賞各種形態的藝術和自然，敏銳地把握對象之中
的美妙，豐富自己的生命體驗和情感生活，這是美學對於社會
的重要功能。

美學上對趣味的探討有不同的路徑。審美心理學的研究著
重於趣味作爲一種心理現象的奧秘何在。比如，不同欣賞者有
不同的審美偏愛，這和他們的不同性格特質有一定關係。劉勰
在《文心雕龍》中寫道，不同的人欣賞作品會有完全不同的感
受，甚至他們要看的東西和看到的東西亦有很大不同，所謂
「慷慨者逆聲而擊節，醞藉者見密而高蹈，浮慧者觀綺而躍心，
愛奇者聞詭而驚聽」（《文心雕龍·知音》）。

心理學家發現，在各式各樣的性格中，就審美欣賞來說，
大致可以區分出四種不同的類型。這四種人在欣賞作品時有很
大的差異。比如，就對色彩的欣賞來說，有的人對令人愉快的
色彩的判斷，多限於從色彩自身的屬性來理解，諸如色彩的飽
和度、純淨程度、亮度等等；另一些人則不同，他們對色彩的
反應是著眼於色彩對欣賞者所引發的效果和感受。某些色彩使
人愉快，是因爲這些色彩給人以寧靜溫暖的感覺，另一些色彩
令人不快，乃是由於色彩使人眼花繚亂；還有一些人對色彩的
反應較多地集中在色彩所導致的聯想上，他們更容易把個人的
經歷和體驗帶入對色彩的判斷，一種色彩是否令人愉快，這取
決於它所引發的特定聯想是什麼；最後一類較爲特殊的欣賞
者，特別喜歡將性格因素透射到色彩上去，比喻性地理解色彩
的性質和美感。比如，對於招人喜愛的色彩，他們的解釋是這
些色彩「活潑」、「勇敢」，或是「誠實可信」，或是「富有同情
心」；而另一些色彩所以引起不快，乃是由於它們「太頑固」、
「危險」和「具有攻擊性」等等。僅就色彩一個項目的欣賞便有

如此之多的不同反應，這說明，在實際的藝術欣賞或審美觀照中，不同性格的確會對欣賞有所影響。於是，有心理學家提出了四種基本的欣賞者心理類型：

客觀型：對藝術品採取理智的和批判的態度，喜歡作分析。面對繪畫作品，這類欣賞者依據畫面的清晰或朦朧、色彩的搭配、明暗變化，以及畫面的形象等作出判斷。能對音樂作品作出客觀的評價。

主觀型：對色彩敏感，反應強烈，強調個人偏愛。欣賞者自身的情緒狀態對體驗藝術品有深刻影響。對音樂作品的欣賞往往體現出強烈的情感反應。

聯想型：對抽象因素感興趣，特別容易產生聯想。個人經驗對當下觀照的聯想具有重要作用。往往從作品中展開印象豐富的個人聯想世界。

性格型：多用性格的理解來投射藝術品，從藝術品中感受到人格的和情緒的特徵。喜歡用個人的性格因素和特點來描述或投射作品。[6]

從以上主體的心理類型的分類來看，的確存在這不同的知覺態度或傾向。粗略地說，主觀型和聯想型的欣賞者對應於再現性的作品，性格型的欣賞者對應於表現性的作品，而客觀型的欣賞者則偏向於形式主義的作品。因為主觀型的欣賞者往往對作品的內容敏感，而且常常將個人的生活經驗帶入審美欣賞過程之中；而聯想型的欣賞者和主觀型比較接近，他們受到自己日常生活經驗的影響，常常從藝術品所描繪的內容中延伸出

去，進入更加個性化的聯想世界；性格型的人對個性和性格反應敏捷，往往會將一些人的特徵投射到藝術品之中，所以對於藝術品所傳達的藝術家的情感因素很敏感；而客觀型的欣賞者常常面對作品採取理智的、批判的態度，欣賞過程中不受個人主觀因素的干擾，可以準確地把握藝術品的形式特徵。

如果我們以這四種性格類型的欣賞者，來分析對《蒙娜麗莎》的欣賞，也許可以引申出許多不同的結果。客觀型的欣賞者往往是藝術家或具有較高藝術修養的人，他們對畫作的欣賞常常偏重於對形式、技巧等因素的客觀分析。所謂「內行看門道」，說的就是這個意思。所謂「門道」也就是藝術品構成的各個層面，比如繪畫中色、形、線、構圖的運用，詩歌中遣詞造句、節奏韻律的特色，戲劇中舞臺、表演、性格衝突的展開等等。這個問題在音樂欣賞中體現得最為明顯，一般聽眾對音樂的欣賞大多停留在其印象、情感等層面上，而具有專業知識的音樂家則可以透過樂曲直接把握到和聲、旋律、主題、配器等多種音樂要素。前面引述的美國音樂家科普蘭所說的音樂欣賞的第三階段——「純音樂階段」——就是講的這種情況。客觀型的欣賞者是一種分析性的，他們往往抑制自己的主觀理解，恰如步入「無我之境」、「以物觀物」一樣。就《蒙娜麗莎》的欣賞而言，客觀型的人更多的是專注於畫面的種種構成要素，尤其是其形式層面的諸種要素的分析和理解。

主觀型與客觀型相對，如果說客觀型是「無我之境」、「以物觀物」的話，那麼，主觀型則正好相反，它是「有我之境，以我觀物，故物皆著我之色彩」（王國維語）。換言之，主觀型的欣賞者面對審美對象反應敏捷而強烈，帶有明顯的個人傾向性和情緒性。就《蒙娜麗莎》的欣賞而言，這類人恐怕會對畫

面貴婦人的美貌和神秘所吸引，產生情緒共鳴。主觀型的欣賞者對作品的理解帶有明顯的個人色彩，一方面他們很容易進入一種情緒反應狀態，另一方面他們也很容易偏執於自己的主觀感受。

聯想型和性格型的欣賞者與主觀型較接近，他們都偏向於對審美對象的主觀體驗和解釋。只是三者的側重有所不同。如果說主觀型較多地傾向於情感反應的話，那麼，聯想型則偏向於個人生活內容，而性格型也明顯地帶有擬人化的情感投射，將一切視為有生命之物而且具有性格特徵。就《蒙娜麗莎》的欣賞來說，聯想型的欣賞者可能會從畫面的直接內容轉移到自己的個人經歷中來，恰似黛玉葬花一樣。而性格型的人卻是傾向於從人的性格角度來理解畫面內容，對「謎一樣的微笑」的神秘性作出種種個人的解釋和猜測。

誠然，儘管我們可以相對地區分出四種不同性格類型的欣賞者，但是，緊接著必須強調，這種區分只是一個理想模式的區分，在具體的審美實踐活動中存在著大量的難以區分的欣賞者性格類型，即使說這四種類型具有一定普遍意義的話，那麼，在運用它們來分析具體的欣賞情境以及審美反應時，也必須注意到相互滲透和交叉的情形。在這四種類型之間存在著廣大的灰色區域。所以，以上區分只是在相對的意義上成立。就《看蒙娜麗莎看》一文的作者來說，他顯然是傾向於主觀型或聯想型的欣賞者，從一幅畫引申出去，他聯想到了許多複雜的內容，既包含個人的情感反應，又有對畫面人物和畫家生平的追溯解析。而後一方面似乎又和客觀型的欣賞者較為接近。

不同於審美心理學的內在研究，審美社會學的研究把焦點放在趣味形成的社會條件上。在這方面，法國社會學家布爾迪

厄的研究很有代表性。他認為，所謂審美無功利性和普遍的愉悅，這種來自康德的看法，其實是特定歷史階段美學思想的反映。這種美學觀只是針對富裕而閒暇的資產階級才能成立。恰如馬克思所說的，一個正在為溫飽問題而憂心忡忡的窮人，對最美的景色也無動於衷。布爾迪厄廣泛收集了法國現代社會的各種與審美趣味相關的資料，努力證明一個事實，康德所熱衷討論的這種審美趣味只是資產階級的特權，對於普通勞動階層來說，是完全不適用的。更進一步，布爾迪厄發現，審美趣味其實並不存在什麼共同的標準和尺度，有的只是不同階層社會生活的習性所培育的關於趣味的標準。沈溺於古典音樂的貴族精英自然對古典音樂高雅的趣味和鑒賞力沾沾自喜；而生活在下層的勞動者卻自有審美的樂趣和看法。從這個角度來看，審美趣味的文化和階級差異就是「區隔」不同社會集團和階層的標誌。較之於審美心理學的思考，審美社會學的分析更加尖銳和深刻，它把一切所謂內在的、內化的現象都努力轉化為外部社會現實的影響，在一個存在著差別的社會中，那種論證審美趣味普遍標準的理論，最終不過是一種幻覺。轉向人的社會生存條件，轉向他們習性的分析，對於思考審美趣味的形成以及功能，無疑是有所幫助的。

意象與意味

審美過程中充滿了奧秘，為什麼你看悲劇時會流下同情的眼淚？為什麼你面對喜劇則開懷大笑？為什麼你把銀幕上移動的影像當作活靈活現的真人？為什麼你欣賞書法時瞥見了書家

氣質？種種追問都指向一個問題：審美活動中，主客體的互動交融創造出了審美意象。

在中外美學史上歷來有「美在心」和「美在物」兩種觀點的針尖對麥芒。從各自理論的立場出發，似乎兩種看法各有各的道理。一朵花的美不在花自身在哪裏呢？「美在物」理由很充分。可是相反的觀點認爲，沒人去欣賞花，花又有何美可言？拜倫那膾炙人口的詩句「美總在觀者眼裏」，也很理直氣壯。對一個不懂得欣賞美的人來說，美確實並不存在。

其實，兩種看法是各執一隅，只見山前或山後，未見山之全貌。你也許可以設想，所謂美既不在「心」亦不在「物」，而在「心」「物」交彙過程之中。誠如我們前面說過的，一個人造物（一本書或一幅畫）還算不得是嚴格意義上審美對象，如王陽明所說的「你未看此花時，此花與汝同歸於寂；你來看此花時，則此花顏色一時明白起來」；如沙特所言，沒人見證的風景，不可避免地停滯在「永恒的默默無聞狀態之中」。一方面，審美主體有一種介入對象的意向性，另一方面，審美對象又有一種籲請主體介入參與的「召喚結構」。在這個對象向主體敞開，主體靜觀對象的過程中，便生成出審美活動的仲介物——審美意象。它既不是物本身，亦不是心自體，而是兩者互動共生的產物。審美的奧秘，無論美也好，崇高也好，悲劇也好，喜劇也好，怪誕也好，都存在於這個仲介物——審美意象之中。

舉文學作品的閱讀經驗最具說服力。當我們閱讀王維的詩《山居秋暝》，讀到「明月松間照，清泉石上流」；或是《漢江臨泛》中的「江流天地外，山色有無中」；或是《使至塞上》中的「大漠孤煙直，長河落日圓」，那生動的意象便湧現出來。

這些意象既是詩句誘導的結果，又是讀者想像的產物。於是，感動讀者的那些意象以及隨之而來的審美情感，便在對象與主體的互動中生成出來。讀者一方面調動自己的日常經驗來豐富這些意象，另一方面又不斷從詩句本身的語義和提示中尋找意象的蹤跡。田園詩獨具魅力的美便應運而生，它把詩歌與讀者融為一體，使讀者仿佛身臨其境，眼前的自然美景鋪陳開來。不僅詩歌如此，一切藝術品的欣賞均是如此。回到《蒙娜麗莎》上來，當觀眾面對這幅作品時，所面對的並不是蒙娜麗莎這個人本身，而是她的形象表現。「這不是一隻煙斗」的判斷在這裏同樣適用。但是，觀眾在畫面的誘導提示下，有一種將畫看作是那個所指的對象本身的心理意向。雖然不是真人，卻想像地把她看作是真人。這就是美學上所說的「看作」或「視為」。

哲學家維根斯坦曾經對一個「鴨—兔圖形」做過深入分析。這個圖形其實既不是鴨子，也不是兔子。但是，當你去審視這個圖形時，「它既可以被看作是一隻兔子的頭，也可以被看作一隻鴨子的頭。」但不可能同時既是一隻兔子又是一隻鴨子。這表明，對象的圖形是一個模稜兩可的圖形，它向觀者提示了兩種可能性；而觀看這個圖形時，你可以把它看作或是鴨子或是兔子，這裏的「看作」便是觀者和圖形之間的一種默契和互動的產物。為什麼這個圖形叫鴨—兔圖形而不叫別的？而你為什麼要麼是「看作」鴨要麼是「看作」兔？因為「我真正看到的東西必定是該物的影響在我心中產生的東西」，也就是說，圖形在提示觀者，觀者同時又在投射圖形。「如果你在圖形(1)中尋找另一個圖形(2)，接著找到了，你以新的方式看圖(1)。你不但能夠為它做出新的描述，而且注意到第二個圖形是一種新的視覺經驗。」[7]從這個意義上說，圖形與觀者之間的互

圖9-2　鴨—兔圖形

動也可以視作一個發現過程。

　　無論鴨或兔，它都既不是圖形本身，也不是觀者主觀臆造，而是在主體與對象之間產生的第三物——審美意象。無論是再現論所強調的作品再現的逼眞圖景，抑或表現論所突出的作品所傳達的藝術家情感，還是形式論所主張的「有意味的形式」，都只能在審美意象的生成中去尋找。

　　由此，我們便觸及一個更加複雜的美學問題：一部藝術作品的意義是如何產生的？如果我們沒有這個審美意象的仲介結構，那麼，對作品意義的解釋很可能落入「美在心」或「美在物」的對立二分窠臼。亦即作品的意義要麼在作品自身，像一個實物一樣深藏在作品的後面，而審美欣賞就是挖掘尋找這種實體意義的過程；要麼，意義在主體心裏，是主體的臆測的產物，與作品本身無關。這個二難如果用審美意象的理論來考察，便迎刃而解了。其實，意義既不是一個物一樣的東西深藏在作品後面，也不是主體脫離作品的主觀臆斷，它是和意象同時出現的，就蘊含在審美意象之中。

　　雖然說審美對象和審美主體之間存在著這樣的對話交往的

互動關係，但是，不同的作品類型亦有不同的審美特性，從而構成不同形態的審美意象。這裏，我們來簡單討論一下法國美學家羅蘭·巴特的一對概念——「可寫的文本」和「可讀的文本」。在巴特看來，傳統美學過於強調作家的權威及其對作品意義的控制，這樣的作品大都以寫實性見長，意思明確，容易閱讀，充滿了寫作的程式和俗套，不具挑戰性。因此，這樣的作品（大都是古典作品）就是「可讀的文本」。另一類文本則帶有相反的特徵，作者的權威地位不再，日益讓位給讀者來解讀。這樣的作品（大都是現代的或先鋒派的作品）往往沒有什麼固定的意義，而是保持了多義和含混，需要讀者進一步琢磨和體會。換言之，這樣的文本要求讀者自己「重寫」，把意義從作者的壟斷中解放出來，賦予讀者更多的自由。所以他說，作者之死才是讀者的誕生。這種說法不免有點極端，卻也道出了審美活動中欣賞者的重要作用。這類文本他稱之為「可寫的文本」。另一位法國哲學家利科則從解釋學角度對這一審美特徵做了深入闡發。他認為，科學的作品要求其語言的明晰性、準確性和非歧義，而詩歌語言反其道而行之。它力求保持自身的含混和多義，以此來保持藝術語言的新鮮活力。「詩是這樣一種語言策略，其目的在於保護我們的語詞的一詞多義，而不是篩去或者消除它，在於保留歧義，而不在於排斥或禁止它。語言……同時建立好幾種意義系統，從這裏就導出了一首詩的幾種釋讀的可能性。」[8]如果我們把這種看法轉到對欣賞的要求上來，顯然，藝術的欣賞過程和藝術的創造過程一樣，具有發現和創造的特性。欣賞者絕不是一個被動的角色，等待著藝術家的給予，毋寧說審美意象乃是欣賞者的發現。

欣賞者也是審美的創造者，他們和藝術家一樣功不可沒。

註　釋

[1]《人論》，第189頁。

[2]貢布里希，《藝術的歷程》，陝西人民美術出版社，1987年版，第168-169頁。

[3]熊秉明，《看蒙娜麗莎看》，百花文藝出版社，1997年版，第1頁。

[4]《朱光潛美學文集》，第一卷，上海文藝出版社，1982年版，第451頁。

[5]杜夫海納，《美學與哲學》，中國社會科學出版社，1985年版，第158頁。

[6]瓦倫汀，《美的實驗心理學》，北京大學出版社，1991年版，第三、七、八章。

[7]維根斯坦，《哲學研究》，三聯書店，1992年版，第270-278頁。

[8]胡經之主編，《二十世紀西方文論選》，第三卷，中國社會科學出版社，1989年版，第301頁。

關鍵詞

審美態度　審美趣味　審美意象　意義

風景 10. 能興者謂之豪傑

　　生命的境界廣大，包括著經濟、政治、社會、宗教、科學、哲學。這一切都能反映在文藝裏。然而文藝又不只是一面鏡子，映現著世界，且是一個獨立的自足的形相創造。它憑著韻律、節奏、形式的和諧、彩色的配合，成立一個自己的有情有相的小宇宙：這宇宙是圓滿的、自足的，而內部一切都是必然性的，因此是美的。

　　文藝站在道德和哲學旁邊能並立而無愧。它的根基卻深深地植在時代的技術階段和社會政治的意識上面，它要有土腥氣，要有時代的血肉，縱然它的頭須伸進精神的光明的高超的天空，指示著生命的真諦，宇宙的奧境。

　　文藝境界的廣大，和人生同其廣大：它的深邃，和人生同其深邃，這是多麼豐富、充實！孟子曰：「充實之謂美。」這話當作如是觀。

　　　　　　　　　——宗白華《美學散步》

　　大幕即將落下，演出即將結束。然則，結尾常常是意味深長的，充滿了磅礴的氣勢和深邃的意蘊。

　　我們在「帶風景的房間」裏，透過最後一個窗口，欣賞著最後一幕風景。當然，「最後」並不是終結，毋寧說是新的「起始」。穿過這風景，我們便帶著美學的智慧進入生活，進入各自獨特的生命家園。在那裏，美學不再是一種書本知識，也不再是一種學問，而是日益轉化為生存的體驗和精神的求索；在那裏，美學不再是抽象的原理和範疇，而是提高生存質量的策略；在那裏，美學融入了個體的日常行為，如庖丁解牛，遊刃有餘；在那裏，美學不再是美學，而是成為人生智慧和高尚人格。

　　顯然，智慧很難像知識那樣傳授，它更多地需要內心覺悟，需要反省和體認。在欣賞完美學的風景之後，你也許會掩卷深思，重新思索一下自己的生活，美學能帶來什麼教益和智慧。這樣，你不但知曉了什麼是美學，而且超越了美學的知識層面，進入深邃的美學的精神內核。

　　這「最後」的風景，又何嘗不是尋覓你自己生存新景象的起始呢？

超越日常生活

　　也許，現在你會提出這樣的問題：我們瀏覽了美學的諸多層面，分析了這麼多的美學命題和關鍵概念，它對我們的實際生活有什麼作用呢？學習經濟學，可以幫助我們從事經濟活動，至少對家庭理財有用吧！學習法律知識，可以當個律師什

麼的，幫助別人打官司，至少對自己的生活有用。瞭解了心理學，一方面可以知曉人的心理活動規律，另一方面也可以不時對自己作心理分析。那麼，美學用處何在？

其實，並不是每門知識都可以直接轉化爲現實的有用之物。一般來說，社會科學的知識帶有明顯的應用性質，技術學科的理論可以直接用於生產實踐，而人文學科的知識往往缺乏這種直接用途。比如，你學習了文學、歷史或哲學，似乎很難將這些知識轉換爲直接有用的東西。但是，美學作爲人文學科知識之一，雖說體現出某種「無用」，這種「無用」卻是「無用之用」，是一種「大用」。儘管美學不能教會你如何賺錢、如何打官司，但卻可以提升你的精神境界和趣味，豐富你的人生體驗，健全你的人格。所以，跳出美學的知識性，你可以看到美學更像是一種帶有人文意味的生存智慧。所以，要把握美學的眞諦，還得從人文智慧的角度來理解。

清代著名思想家王夫之曾經說過一段極其精彩的話，這段話我們前面曾引用過，這裏我願不厭其煩地再引用一回：

> 能興者謂之豪傑。興者，性之生乎氣者也。拖沓委順，當世之然而然，不然而不然，終日勞而不能度越於祿位田宅妻子之中，數米計薪，日以挫其氣，仰視天而不知其高，俯視地而不知其厚，雖覺如夢，雖視如盲，雖勤動其四體而心不靈，唯不興故也。聖人以詩教以蕩滌其濁心，震其暮氣，納之於豪傑而後期之以聖賢，此救人道於亂世之大權也。[1]

再次咀嚼王夫之的話，你一定有新的體會了。陳述中，王夫之描述了兩種不同情境，一個情境呈現爲個體眼界狹隘，意

志消沈，感覺遲鈍，心靈充滿暮氣，終日斤斤計較，被日常生活的狹隘視野所遮蔽；另一情境則相反，生氣昂然，心胸闊大，敏銳而有豪傑氣象。前者更像是一個在日常生活中被消磨了意志而沒有趣味的人，眼前只有柴米油鹽祿位田宅；後者則是一個更高的境界，人性被昇華了，精神被啓動了，人變得富有生氣和胸懷，超越了前一境界的種種局限與束縛。王夫之所說的「興」，正是審美感興和體驗，所以他講「聖人以詩教以蕩滌其濁心，震其暮氣」，並把審美視爲一種「救人道」之「大權」。

審美眞的有如此功能嗎？美學眞的有救助人心的潛能嗎？

美學史上持有這樣信念的人不在少數。比如，席勒堅信審美可以彌合人性的分裂，遊戲（審美）的人才是眞正的人。黑格爾斷言：審美帶有令人解放的性質！馬克思強調，人是依照美的規律來塑造物體的。克羅奇也強調，美學有解放的功能。馬庫色則說得更加明確：審美發展的是一條通向主體解放的道路，這就爲主體準備了一個新的客體世界，解放了人的身心並使之具有了新感性。這些深奧的論斷究竟是什麼意思呢？

要說清這個問題，得從我們現代社會的日常生活現狀談起。

說到日常生活，每個人都對它非常熟悉，都可以講出許多日常生活的趣事和體會。從現象上說，日常生活是豐富多彩的，每個人的具體生活情境都有所不同。教師的日常生活與工程師的日常生活不同，經紀人的日常生活與演藝人士迥然異趣。城裏人的每日遭遇和鄉下人的每日所見全然不同，外交官的工作與地質勘探者的生活境遇可謂天壤之別。每個人都植根於特定的日常生活中，衣食住行，生老病死構成了我們日常生

活的世界。但是，日常生活並不是充滿詩意和變化的，它有一
些共同的特徵值得思考。

　　首先，所謂的日常性，本義是指「每天發生的」、「通常習
慣的」或「平凡的」、「普通的」生活境況。辦公室裏的白領和
流水線上的操作工，儘管職業不同，工作殊異，但有一點是共
同的，他們每天都遭遇同樣的事務。於是，日常生活具有一種
天天如此的刻板性，海德格稱之爲「平均狀態」。「平均狀態是
一種常人的生存論性質。常人本質上就是爲這種平均狀態而存
在的。」[2]在他看來，日常生活的這種平均狀態，也就是人人如
此的狀態，這便導致了「常人」的出現。「常人」就是與他人
沒有差別，他們往往失去了對冒險和反常東西的興趣，樂於按
照某種「公衆意見」辦事，木然地忍受著生活的「日常狀態」。
所以海德格的結論是，「常人以非自立狀態與非本眞狀態的方
式而存在」[3]。也許是由於對日常生活的這種狀態的不滿，所以
海德格提出了「詩意棲居」的概念，並身體力行地實踐，他在
荷爾德林的詩歌中神遊，在環抱自然的森林小木屋裏靜思，力
圖擺脫那種刻板平庸的日常生活。從這個角度來說，打破日常
生活的沈悶平庸，尋找富有詩意的生存方式，便成爲人們的必
然選擇。日常生活的平庸、委瑣和糜頓，帶有消磨人意志和個
性的機能，「一切源始的東西在一夜之間被磨平爲早已衆所周
知的了。……任何秘密都失去了它的力量」[4]。日常生活的體驗
便不可避免地趨向於平庸，這便構成了日常生活的壓抑性質。
無聊和厭煩作爲日常生活典型心態便出現了。從這個角度看，
日常生活顯然有一種惰性和保守性。

　　更進一步，在當代社會中，由於專業化和管理化的普遍實
現，日常生活變得越來越趨向於「規章統治人」。辦公室裏有規

章，流水線上有規章，上課學習有規章，甚至我們的飲食、交往、休閒都有章可循。有的哲學家把這種社會描述爲一個「總體性的管理的社會」，就是說日常生活的各個層面都受制於種種「遊戲規則」而管理化了。這一點你一定會有自己的體會。社會學家韋伯把這種狀況稱之爲「規章對人的統治」，它是現代社會工具理性發展的必然結果，是合理化和科層化的必然結果。於是，韋伯把這種日常生活形象地描述爲一個「鐵籠」。人不再是一個自由的創造性的存在，而是日益成爲規章的奴隸，成爲龐大的管理機器的一個部件。換言之，日常生活的刻板和慣例化，將人變成了一個工具性的存在。不僅如此，日常生活的日常性和刻板性，還壓制了人們創造性的生活的追求，透過時尚、他人引導和社會慣例等多重日常生活的策略，使個體越來越滿足於現成的俗套生活，按照別人設計好的模式去生活。於是，日常生活對個體創造性的無形抑制便成爲一個嚴峻的問題。有的心理學家指出，現代社會的日常生活模式在許多方面都抑制了人的創造性行爲，中國當前的應試教育模式就是一個典型。心理學家羅傑斯一針見血地指出了現代日常生活五個方面的問題：

(1) 在教育中，我們傾向於培養完成其教育的各種適應者、因襲者和個體，而不是具有自由創造性的獨特的思想家。

(2) 在我們的閒暇活動中，被動的娛樂和嚴密組織的群體活動具有壓倒一切的支配性，而創造性的活動則少得可憐。

(3) 在科學中，存在大量的技術專家，但能創造性地提

出富有成效假說的人則少得可憐。

(4)在工業中，創造只為少數人服務——經理、設計師、研究機構的負責人——而各種生活則盡力排斥創造性和獨創性的努力。

(5)在個人和家庭生活中也有同樣的情形。在我們穿著的衣服中，食用的食品中，閱讀的書籍中，以及我們所把握的思想中，存在著一種趨向於適應陳規舊習的強烈傾向。獨創性和標新立異常常被認為是「危險的」。[5]

　　羅傑斯所描述的這幅圖景對我們來說並不陌生，我們確實面臨著這樣的日常生活狀況。

　　再次，現代社會是一個日益專業化的社會，在這樣的社會生活中，各種專業訓練和專業資格變得日益重要。一方面，功利的態度制約著人們的生活態度，這是韋伯所說的合理化的必然結果之一。因為合理化意味著人們做每一件事都經過理性的考慮和仔細的計算，以最小的投入和最大的產出為目標，這種合理化的考慮就是一種功利的考慮，它成為人們行為的內在動機。這便導致了人的行為的目標的偏狹和局限，進而形成了人的生活視野的狹隘。哲學家泰勒指出：工具理性乃是「一種我們在計算最經濟地將手段應用於目的時所憑靠的合理性。最大的效益、最佳的支出收穫比率，是工具主義理性成功的度量尺度」。但問題在於，這種工具理性的盛行帶來了廣泛的不安：「令人害怕的是，應該由其他標準來確定的事情，卻要按照效益或『利益—代價』分析來決定；應該規導我們生活的那些獨立目的，卻要被產出的最大化要求所遮蔽。」[6]

　　這在當前大學學習和專業選擇上體現得很明顯，從某種角度說，社會需要高層次的人才，此乃社會進步的標誌；從另一個角度看，人們獲得必要的專業資格也是爲自我在競爭激烈的人才市場上獲得一個有利位置。在這種狀況下，功利的考慮往往成爲人們行爲的內在依據。另一方面，專業化的社會不斷以種種機制培育出各方面的專家，而專家又依賴於這些機制來獲得名聲、利益和資本。專業化的機制已經不再能夠容忍人們的業餘興趣，巨大的專業機器正在把每一個人都變成特定專業領域裏的專門家。這就導致了人們探索興趣的畸形，好奇的創造性的探索被特定體制內的利益所取代，思考的樂趣被現實的好處算計所取代。從這個視角看，日常生活的專業化導致了人的活動日益狹隘與局限。比如體育運動，奧林匹克的業餘精神已經逐漸喪失，它正在蛻變爲一種專業技能的較量和追逐商業利潤和名聲的巨大市場。那種來自內心世界的自發的遊戲衝動受到了空前的壓制。

　　同時，日常生活越來越理性化的發展趨向，導致了工具理性的支配地位，進而產生了人性的內在分裂。尤其是感性和理性的分離，物質對精神的壓抑，人與自然的脫節等現象變得日趨明顯起來。早在工業時代初期，詩人席勒就發現了現代社會人性面臨的危機。在他看來，人有不同的衝動，在古典時代，這些衝動是和諧一致的；但是到了現代社會，感性衝動和形式衝動便處於對立狀態之中。所謂感性衝動是指人的本能衝動，而形式衝動是指人的道德衝動。後者要壓制前者，前者又要反抗後者，兩者的分裂形成了現代人性的裂際。「前者（感性衝動）不要進入立法的領域，後者（理性衝動）不要進入感覺的領域。感性衝動的緩和絕不能是肉體無能爲力和感覺遲鈍的結

果，……它只能是一種自由的行動，只能是人格的一種活動。……形式衝動的緩和同樣不是精神的無能爲力和思考力或意志力懶散的結果，這只能使人性惡化。」[7]這個主題在當代許多思想家那裏得到了進一步展開。佛洛伊德從心理學角度深刻剖析了人格結構的衝突，本我和超我的衝突結構，需要自我來調適；馬庫色對工具理性對人的壓制作了深入批判，指出了邏各斯和愛洛斯的對立以及前者對後者的壓制，「單面人」的危險已迫在眉睫。「技術邏各斯被轉化爲持續下來的奴役的邏各斯。技術的解放力量——事物的工具化——成爲解放的桎梏：這就是人的工具化。」[8]另一方面，技術的進步又使日常生活中物質因素不斷提升，精神的因素則受到了壓制。這種現象在當代社會變得異常凸顯，尤其是隨著富裕社會或小康文化的出現，人們對物質需求的欲望被空前激發起來，而精神層面的生活則在遭遇物質層面的空前壓制同時，又面臨著文化商業化和時尚化的危險。當人們沈醉於標準不斷攀升的衣食佳行和工作環境時，便淡忘和冷落了自己的精神需求，忘卻了滋養精神，不再重視培育自己的審美感性能力。

我想，這些問題都不同程度地存在於我們的日常生活之中，有些現象我們可以自覺地注意到，有些現象則難以察覺。日常生活的這些問題是普遍存在的，只是程度有所不同而已。那麼，如何解決這些問題呢？

席勒在談及感性衝動與形式衝動的衝突時，曾寄希望於另一種衝動來協調，他名之爲「遊戲衝動」，也就是審美衝動。在席勒看來，最廣義的美是從兩種衝突中相互作用和對立原則的結合中產生出來的，因此，審美活動帶有彌合衝突的功能，它以活的形象爲仲介，克服了感性衝動和形式衝動各自的強制

性，「在遊戲衝動中，兩種衝動的作用結合在一起，它同時在道德上和自然上強制精神，因爲它排除了一切偶然性，從而也就排除了一切強制，使人在物質方面和道德方面都達到自由。」他的結論是：「終於可以這樣說，只有當人在充分意義上是人的時候，他才遊戲：只有當人遊戲的時候，他才是完整的人。」[9]席勒所提出的解決方案恰恰道出了美學的眞諦，如果你重溫王夫之「能興者謂之豪傑」的看法和黑格爾「審美帶有令人解放的性質」的論斷，便可以瞥見美學在現代社會中的巨大潛能。

　　有一個現象似乎印證了上述看法，那就是藝術在現代社會中常常扮演了複雜的「反派」角色，具有振聾發聵的功能。就中國古代藝術來說，張璪提倡「外師造化，中得心源」，李贄強調「童心說」，石濤提倡「至人無法」，或許都帶有顚覆日常生活陳規舊習的意味。但現代社會的日常生活不同於傳統社會，更加強化了某些消極的層面。因此，現代藝術似乎更加帶有反抗日常生活消極性的動能。比如，現代主義階段中許多先鋒派藝術，就激進地否定了日常生活。唯美主義作爲現代主義的先聲，從表面上看有頹廢和形式主義之嫌，但究其根源不難發現，唯美主義的出現有其必然的原因，那就是對日益平庸無聊的中產階級生活方式的偏激反叛，追求一種超然的美的生存。這麼來看，王爾德、戈蒂耶等人追求新奇怪異也就不足爲奇了。在他們看來，不是藝術模仿生活，而是生活模仿藝術。這個偏激的主張後面隱含一個更加深刻的看法：「文學總是預示著生活。前者不照搬後者，而是依照它的旨趣去塑造生活。」「生活尤爲欠缺的是形式。」王爾德看出了藝術對生活的深刻作用，針對典型的單調、風俗和奴役、習慣的專制，藝術具有振聾發聵的功能和瓦解的力量[10]。換言之，是藝術彌補了生活的

不足，它為生活提供了新的形式。德國學者馬騰科洛發現，形式在唯美主義那裏是一個崇拜對象，當它轉入政治領域時，內容的非決定性便為任何意識形態的擴展敞開了大門[11]。美國學者卡利奈斯庫認為，為藝術而藝術在歐洲的出現，暗中隱含著一個目的，那就是對抗資產階級平庸的價值觀和庸人哲學。這種傾向在戈蒂耶的理論中體現得更其彰明。「為藝術而藝術是審美現代性反叛庸人現代性的第一個產物。」「對於以下發現我們將不會感到驚奇，寬泛地界定為為藝術而藝術，或後來的頹廢主義和象徵主義，這些體現激進唯美主義特徵的運動，當它們被視為對中產階級擴張的現代性的激烈雄辯的反動時，也就不難理解了，因為中產階級帶有這樣的特徵，他們有平庸的觀點、功利主義的先入之見、庸俗的從眾性，以及低劣的趣味。」
[12]

　　人是具有超越性的物種，對生存的不斷超越和昇華成為人類社會進步的內在動因。心理學揭示了人不斷上升實現自我的內在傾向。馬斯洛發現，人的需要來自不同的層次，低一級需要得到滿足以後，高一級需要便成為追求的目標。依據他的需要層次理論，人有五種基本的需要，它們依次上升構成人的需要系統。這五種需要依次如圖 10-1。

　　生理的需要諸如吃喝休息等等，是人生存的基本要求；這個要求得到滿足後便會有安全的需要，亦即對組織、秩序和安全感和可預見性的要求；再往上是愛和歸屬的需要，人是社會的動物，需要愛別人並被別人愛，進而使自己歸屬於一個特定的社會群體，以此克服孤獨和空虛；更進一步是尊重的需要，需要得到別人承認，因此而產生獨立、勝任和自信等情感，否則將會導致沮喪和自卑；如果以上需要都得到滿足，最後產生

圖10-1　馬斯洛的需要層次系統

自我實現感。

　　　如果他最終要得到自身安寧的話，那麼音樂家必須作
　　曲，藝術家必須繪畫，詩人必須寫作。人必須成為他能夠
　　成為的人。我們稱這種需要為自我實現。[13]

　　值得注意的是，馬斯洛特別提到，在自我實現中，還有兩
種需要存在，一是認知的需要，二是審美的需要。如果我們把
需要理論和另一個重要概念「高峰體驗」結合起來理解，美學
的眞諦便昭然若揭。儘管「高峰體驗」存在於生活的不同方
面，但其較爲一致的特徵帶有明顯的美學性質。它「來自審美
感受（特別是對音樂），來自創造衝動和創造激情，來自女性的
自然分娩和對孩子的慈愛，來自與大自然的交融（在森林裏，
在海灘上，在群山中，等等）……」[14]。或許我們可以把「高
峰體驗」看作是「自我實現」狀態的典型感受。馬斯洛把「高
峰體驗」的特徵描述爲：比其他任何時候都覺得是完整協調
的；在更純粹、個別化時與世界融爲一體；感到自己處在能力
的頂峰，最完善地運用了自己的全部智能；感覺處於最佳狀
態，一切都毫不費力的和得心應手的；倍感自己處於負責的、

主動的和創造的中心，是自己命運的主人；擺脫了阻礙、抑制、畏懼、懷疑，體驗到價值感、自我承認、自愛、自尊等；自發的、更表現性的、更單純的行為，一切都是自然流露；極端的個體性、唯一性和特異性，不可替代；最具有此時此地感，全神貫注於體驗；表達和交流傾向於詩一般的、神秘的和狂喜的；覺得特別幸運、僥倖和恩遇，驚愕、出乎意料、愜意的認知振動是經常的反應，等等[15]。這種體驗與王夫之所說的「興者生乎氣也」的狀態是一致的，它超越了日常生活的瑣屑、枯燥和平庸，把人昇華到一個更高的境界。這正是審美的功能和狀態，也是審美的解放潛能的實現。

　　這裏，我們不妨把日常生活特點和藝術的審美特質作一比較，從中審視藝術所帶有的美學潛能。

　　根據對日常生活很有研究的哲學家赫勒的看法，日常生活與藝術在如下幾個方面有所不同：第一，日常生活常常是「拜物的」，它把事物和慣例作為給定的，按其既成的形式加以接受，從不追究它們的起源。但藝術則不同，它追究事物的起源，並提升到更高的類的水平。藝術的這種探索和批判性超越了日常生活的局限性和偏狹性。第二，日常生活往往缺乏激情，因為它是日常的、刻板的和重複的，但藝術卻常常充滿了變化和激情。第三，日常生活受制於直接需要，而藝術雖然從日常需要中產生，但逐漸脫離的這種需要，不再與人們的直接利益聯繫。這也就是說，藝術獲得了自律性，可以擺脫日常生活的功利限制和要求，進而超越它。因此，藝術是超越功利和實用主義的，它給人帶來審美的愉悅。最後，將藝術引入日常生活，可以改變我們和世界的關係，培育出有教養的欣賞者[16]。這一比較說明，藝術的確與日常生活有所不同，唯其如

此，藝術才能對提高日常生活的生存質量有所裨益。

　　毫無疑問，缺乏美學的日常生活將是枯燥乏味的。歌德曾經說過這樣一段話：「要想逃避這個世界，沒有比藝術更可靠的途徑；要想同世界結合，也沒有比藝術更可靠的途徑。」[17]這種辯證的表述意在表明，藝術具有某種特殊的功能，既可以使人超然於日常生活的瑣屑局限之上，進入一個更高的精神境界；又可以使人重返現實世界，以更高美學視野來重塑現實世界，提升個體、群體乃至全人類的生存的品質。

美學的精神

　　至此，我們可以一起來思考一下美學對日常生活的「解放」潛能。具體說來，美學的作用體現為美學精神對日常生活的塑造，也就是對作為社會主體的人的精神提升。為了表述的方

便，我們把美學精神概括爲如下幾個層面。

　　究其本質，美學精神是一種遊戲精神。審美的遊戲性歷來是中西美學所探討的核心問題，這個問題也可以表述爲審美的無功利性。在一個充滿了實用功利的日常生活中，多一點美學的遊戲精神不但是可能的，而且是必要的。王夫之所謂「終日勞而不能度越於祿位田宅妻子之中，數米計薪，日以挫其氣，仰視天而不知其高，俯視地而不知其厚，雖覺如夢，雖視如盲，雖勤動其四體而心不靈」，說的就是人被功利考慮壓迫的窘境。更進一步，在一個日益專業化的社會裏，專業態度和利益考慮往往成爲人們行爲選擇的內在動因，如何超越實用的專業立場，多一點「業餘精神」，顯然是一個值得思考的問題。顯然，審美的遊戲性可以淡化和消解實用功利態度和專業態度，讓我們充滿遊戲精神和超然態度。還有，充滿競爭的現實生活往往把人變得日益世故和粗鄙，生存技能和利益驅動將人鎖定在各種實用功利的考慮之中，人性中的童心和天眞被無情地壓抑了。而審美的遊戲則可以喚起我們本眞的童心和天眞，恰如馬斯洛的高峰體驗概念所描述的，那裏有「健康的兒童性」或「第二次天眞」。遊戲使人脫離了日常生活的種種限制和陳規，舒展了自己的天性、情感和想像力。在這方面，林語堂認爲，眞正的藝術精神是一種遊戲的精神，而不是藝術家追求不朽或立名，藝術精神如要成爲普遍的，要深入社會各個角落，就必須把藝術視爲遊戲。一個國家產生羅丹那樣的大師固然重要，但更重要的是教會所有學生熱愛雕塑，親自動手塑造：

　　　　我主張各方面的人士都有業餘活動的習慣。我喜歡業餘的哲學家、業餘的詩人、業餘的攝影家、業餘的魔術

家、自造房屋的業餘的建築家、業餘的音樂家、業餘的植物學家，和業餘的飛行家。我聽著一個朋友隨便彈著一首鋼琴的樂曲，跟聽一個第一流的職業者的音樂會一樣的快樂。人人在客廳裏欣賞他的朋友的業餘魔術，比欣賞臺上一個職業魔術家技藝更來得有興趣；作父母的欣賞子女的業餘演劇，比欣賞莎士比亞的戲劇更來得有興趣。我們知道這是自然發生的情感，而只有在自然發生的情感裏才找得到藝術的真精神。為了這個緣故，我覺得這種自然發生的情感非常重要，中國的繪畫根本是學者的消遣，而不是職業藝術家的消遣。藝術保持著遊戲的精神時，才能夠避免商業化的傾向。[18]

　　當我們不再以功利的態度來考慮問題時，當我們不再以職業的觀點來面對生活時，當我們把業餘的遊戲精神引入辦公室和教室時，美學便鬆動了刻板重複的日常生活。我們便可以在其中發現更多的美感愉悅，感悟到更加深刻的生活眞諦。道家美學有一個經典命題，叫做「滌除玄鑒」（老子）。「滌除」就是使心靈空明虛靜，拋棄那些欲念和偏見，這樣便可以看到（「鑒」）深邃的東西（「玄」）。這個命題後來演變成一系列中國美學的重要範疇和命題，諸如莊子的「心齋」、「坐忘」，宗炳的「澄懷觀道」等等。這一思想傳統強調的正是美學的遊戲精神。在席勒那裏，遊戲衝動不僅被視爲克服人性分裂的必經之途，而且被看作是人所以爲人的本質規定。簡而言之，審美的遊戲精神是抵制日常生活中許多限制、區分和壓抑的有效手段，讓我們多一點遊戲精神吧！

　　從另一個角度說，美學精神又是一種超越精神。韋伯說日

常生活帶有「鐵籠」的性質，說的是日常生活中的工具理性原
則控制了人的行為。他甚至認為知、意、情的分化，使得認識
活動的工具理性和倫理活動的實踐理性帶有強制和壓抑性質。
因此，在他看來，審美具有某種「救贖」功能，「無論怎樣來
解釋，藝術都承擔了這一世俗的救贖功能，即它提供了一種從
日常生活的刻板，尤其是從理論的和實踐的理性主義的壓力中
解脫出來的救贖。」[19]韋伯的說法揭示了審美的一個重要潛
能，在這一點上，它不是宗教卻起到了類似宗教的作用，一種
世俗的「救贖」，亦即一種超越。「超越」在這裏的含義極其豐
富，它指的是對日常生活局限的超越。首先，審美活動為人們
提供了一個精神陶冶和滿足的想像空間，這就打碎了具體的日
常生活強加在個體身上的種種局限。任何一個個體總是生活在
特定的環境裏，這一環境既使之適應它，同時也就限制了他的
種種可能性。比如，一個人的職業、社會關係和經歷，總是受
到環境限制，因此他的精神體驗和潛能也就受到了限制。但審
美活動為個體提供了更加廣闊的空間，為打破這些局限創造了
可能。你可以在文學作品的閱讀中想像地經歷無限複雜的遭際
和命運（比如《阿Q正傳》），在悲劇和喜劇中遭遇一生都無法
碰到的性格衝突（比如《雷雨》），在繪畫作品裏看見從未見到
過的色彩和景觀（比如梵谷的《星空》），在聆聽音樂時感受到
無比悲憤的情感（比如《江河水》）。當你和作品中的人物情感
共鳴時，當你深刻體驗到蘊含在作品中的複雜情緒時，當你隨
著情節進展而與人物一同喜怒哀樂時，你便暫時擺脫了自己的
生活局限，進入到一個更加廣闊的虛擬時空，現實對我們的種
種限制在這時都不復存在了，你那原本有限的精神閱歷變得無
比豐富起來。

　　美學精神所包含的超越是多方面的，在這些超越中，它還給予我們某種形而上的慰藉，喚起了終極關懷。顯然，人有別於動物，他有一種形而上的追求，有一種對人的意義、民族的命運、人類未來的深切關懷。哲學家說得好：導致產生世界意義和人類存在意義問題的「形而上學欲望」，在今天變得十分強烈了[20]。因為今天我們面臨著越來越多的問題和困境，所以這樣的終極關切變得日益重要起來。而審美活動為這種形而上的追索提供了可能，因為藝術常常蘊含了複雜的形而上思考。例如，時間性與人的生存的關係問題，就是一個形而上的哲學問題，在許多哲學家卷帙浩繁的著述中多有討論。但詩人對時間與人生意義的關聯的體驗，一點也不遜色於哲人，甚至可以說，詩人的描述更加生動具體地展示了時間對於人生的複雜意味。從屈原「唯天地之無窮兮，哀人生之長勤。往者余弗及兮，來者吾不聞」，到張若虛的「江畔何人初見月？江月何年初照人？人生代代無窮已，江月年年只相似」，再到陳子昂「前不見古人，後不見來者。念天地之悠悠，獨愴然而涕下」，人生的蒼茫感、歷史感如此生動地呈現出來，時間的無限與人生的有限比照鮮明。這種形而上的體驗是日常生活的有限性往往所難以提供的。你可以盡情地發揮自己的想像，去體驗藝術作品甚至大自然那深邃博大的意蘊，如同哲人所言，在這樣的超越中，人們「以某種方式直覺到並不是他自身而是他所屬的本質力量，他在深邃的視野中直覺到某種深刻之物，在世界所湧流的可見的和不可見之物中直覺到某種深刻的東西」[21]。不少哲人智者都談論過審美的這種境界，馬斯洛說在「高峰體驗」中有某種詩一般的、神秘的和狂喜的特徵，覺得自己特別幸運和恩遇，並經常產生驚愕、出乎意料、愜意的認知震動；高達瑪

描述說，在審美中有一種令人震撼的親切，它具有謎一樣的特質，粉碎了我們熟悉的事物，在一種欣喜與恐懼的震驚中發出慨歎：是你呀，你必須改變自己的生活！用王夫之的話來說，那就是「能興者謂之豪傑。興者，性之生乎氣者也」。

更進一步，美學精神乃是一種和諧精神，它有助於彌合由日常生活所導致的種種分裂和矛盾。就現代日常生活的特性來說，種種對立與分裂日漸顯著，諸如理性與感性的分離，前者壓倒了後者；物質對精神的侵蝕，前者吞噬了後者；社會與個體的矛盾，群體和從眾行為遏制了個性的自由伸展等等。從根本上說，美學精神就是和諧，恰如美本身的和諧品格一樣。席勒在強調遊戲衝動可以彌合感性衝動和形式衝動的分裂與強制時，突出的就是審美的這種和諧潛能。韋伯堅信審美可以擺脫工具理性和實踐理性的刻板與強制，說的也是這個意思。

有人曾以嬉戲的筆調描寫了當前大學文理分科導致的種種局限，讀來既有幽默感，又有一種沈重感：

文科生看理科生：呆。

理科生看文科生：酸。

文科生最頭痛的事：1530 元存了 3 個月零 7 天，利息 2.14％，扣去 20％利息稅，最後總共是多少？

理科生最頭痛的事：情人節的前一天，在燭光下苦思冥想，給女朋友的卡片上寫點什麼才好呢？

文科生對文科生吹噓：最近我對愛因斯坦的相對論做了進一步的研究。

理科生對理科生吹噓：《紅樓夢》中的詩詞歌賦我已爛熟於心。

　　兩科女生的理想男友：文科男生的嘴（甜）＋理科男生的腿（勤）。

　　兩科男生的理想女友：文科女生的外表（美）＋理科女生的頭腦（慧）。

　　文科生最沮喪的事：碰見一個詩詞比自己記得多的理科生。

　　理科生最沮喪的事：碰見一個電腦比自己玩得好的文科生。[22]

　　無論頭痛的事抑或沮喪的事，不管是自我吹噓還是如何看理想伴侶，這些描寫雖有些誇張，卻也道出了專業分工對人的限制和影響。如果我們多一點審美的人文關懷，多一點美學趣味和修養，便可超越這些局限變成更加全面發展的人。美學的理想之一就是超越分工和專業的限制，全面發展人的種種潛能。在這個意義上說，審美教育和審美活動有助於提高人的人文素質，彌合日常生活的分工和局限而導致的心智分裂。當代心理學指出了一個嚴峻的事實，那就是理性的過度片面發展，導致了大腦兩半球功能的失調。由於左半球是掌管人的理性思維能力的，而右半球則是負責情感和想像力的，認知活動的空前發展使得左半球成了所謂的「優勢半球」，而右半球則遭到了明顯的冷落和壓制。前引理科生的種種表現即如是。在這些方面，美學是大有用武之地的。透過廣泛的審美教育，將美學精神引入日常生活，恢復我們的右半球機能，協調兩半球的運作，平衡人的理性與感性能力，便是一個可以實現的目標。當前大學教育強調素質培養，鼓勵人文涵養和審美趣味的提升，都有助於改變理性與感性的分裂，在這方面，美學大有用武之

地！

　　最後，美學精神又是一種獨立精神。我們每天遭遇的日常生活事件，充滿了媒體、影像、廣告、時尚、偶像、成功典範等等。較之於傳統社會的日常生活，現代社會的從眾現象變得越來越普遍。群體的壓力，他人的引導，依從的傾向，日常性的刻板，都在不同程度上消磨著個性。有心理學家做過典型的實驗，發現人們在作出獨立判斷時往往受到外在環境的干擾，以致寧願作出和群體一致的錯誤判斷，而放棄自己的獨立判斷。因此，在現實的日常生活中，個體的獨立性受到了空前的壓制，前面我們所引用的羅傑斯的說法就觸及到這種現狀。日常生活透過種種策略，不斷地使人調適和社會化，進而塑造出大量的「常人」和「庸見」，與別人一樣不但是一種生存的模式，而且成為最安全的方式，因為「與眾不同」常常蘊含著危險。

　　然而，在審美的世界裏，個性和獨創性則被作為最寶貴的東西而加以呵護。從藝術家追求個人獨到發現，到強調藝術品獨特的個性風格，再到如何以獨具眼光的視角來引導欣賞者進入藝術的殿堂，審美的世界就是個性張揚的世界。在這個世界裏，不僅藝術家的個性和風格得到了強調，而且欣賞者自己獨具個性的欣賞和理解也被大力提倡。所謂「一千個讀者就有一千個哈姆雷特」的說法，突出的就是審美理解的相對性和個體性，它為伸張審美理解的個性創造了可能。在這個世界裏，不存在強制的統一的標準和趣味，也不存在霸權性的趣味和標准，百花齊放和百家爭鳴是它的秉性。

　　所以，在審美活動中，陌生的眼光變得十分重要了。所謂陌生的眼光，就是發現的眼光。藝術家透過藝術創造傳達出被

他陌生眼光陌生化了日常生活，而欣賞者又透過自己眼睛把握到藝術家那陌生的眼光，進而學會如何陌生地看待世界。羅丹說，偉大的藝術家不過是在人們司空見慣的地方發現美；里爾克語重心長地對青年人說，在創造者眼中，沒有什麼是平淡無奇的。個性的發現和表達乃是審美活動的真諦，進入審美的境界，就是培育和滋養我們獨具個性的陌生眼光，就是保留自己可貴的個性世界。

至此，讀者也許不難發現，在邁向現代化和小康文化的當代中國，美學的確深蘊著不可小覷的「解放潛能」。

詩意的生存

現在，我們可以進一步玩味歌德那句話的深義了。歌德說，「要想逃避這個世界，沒有比藝術更可靠的途徑；要想與世界結合，也沒有比藝術更可靠的途徑。」這裏的「逃避」我們寧願作積極的理解，那就是超越。「逃避」絕不是「躲進小樓成一統」的消極退避，而是相反，超越日常生活是為了更好地進入日常生活，是更好地重塑日常生活。於是，歌德的後一句話便可以解釋成，與世界的結合，就是以美學的精神看待日常生活，改變其平庸而乏味的狀態，從而構建詩意的生存。

親愛的讀者，美學風景的瀏覽已接近尾聲。回到我們開篇就陳說的一個看法上來，美學不是抽象的教條和玄奧的理論，它更是一種精神，一種可以貫穿在我們生活之中的生存智慧。詩意的生存向來不是少數專業藝術家的權利，毋寧說，它是我們每一個人理想的生存境界。

　　詩意的生存就是用美學的觀點來認識你自己，傾聽你自己，改變你自己，塑造你自己！從日常生活的工具理性的壓制中解脫出來，把審美的觀念引入生活；就是提升你自己，以美學的思維來締造自己的生活。

　　發揮你的藝術潛能吧！創造性地解決你所碰到的問題吧！把枯燥乏味的日常性改造成充滿無限可能性的每一天！

　　盡力伸展你的想像力，用心培育你對事物的審美敏感性和同情心。堅信天底下沒有什麼是一成不變的：太陽每一天常新，工作每一天常變。守住自己的個性，別忘了堅持獨立思考和反叛精神。多一點率眞和童趣，少一些暮氣和世故；多一些遊戲精神和「業餘」態度，少一些專業功利和實用主義；多一些感性世界的自我關懷，少一些工具理性的壓制和依從。學會審美地看待自己的生存環境，多動手藝術實踐，將自己的日常環境變得更具美學意味；學會欣賞各種事物，不但是優美的事物，而且是崇高的、悲壯的、幽默的，甚至是怪誕的事物。總之，詩意的生存是未完成的，是開放的，是需要不斷更新的。它需要的不是條條框框，也不是原理命題，而是你的親歷實踐，你的美學智慧！

　　至此，我們關於「美學是什麼」的閒聊可以暫告一段落了。也許，我的任務就是打開那一扇扇朝向美學風景的窗戶，在你眼前敞開一個豐富多彩的世界，我相信，此刻你對美學已是興致盎然了。

　　最後，我想說，對美學來說，永遠不會有終結，因爲美學總是新的開始！

　　對你來說，一個新的開始正在召喚！

註　釋

[1]《俟解》。

[2]海德格，《存在與時間》，三聯書店，1987年版，第156頁。

[3]同上，第157頁。

[4]同上，第156頁。

[5]C. R. Rogers, "Towards a Theory of Creativity," in *Creativity*, p.138.

[6]泰勒，《現代性之隱憂》，中央編譯出版社，2001年版，第5-6頁。

[7]席勒：《美育書簡》，中國文聯出版公司，1984年版，第82-83頁。

[8]馬庫色，《單面人》，湖南人民出版社，1988年版，第136頁。

[9]《美育書簡》，第85、90頁。

[10]韋勒克，《近代文學批評史》，上海譯文出版社，1997年版，第4卷，第481-482頁。

[11]P. Bürger, *Theory of the Avant-Garde*, Minneapolis: University of Minnesota Press, 1984, p.111.

[12]M. Calinescu, *Five Faces of Modernity*, Durham: Duke University Press, 1987, pp.44-45.

[13]轉引自赫漢根，《人格心理學導論》，海南人民出版社，1986年版，第449頁。

[14]馬斯洛等，《人的潛能和價值》，華夏出版社，1987年版，第368頁。

[15]詳見馬斯洛，《存在心理學探索》，雲南人民出版社，1987年版，第94-104頁。

[16]赫勒，《日常生活》，重慶出版社，1990年版，第50頁以下。

[17]《歌德的格言和感想錄》，中國社會科學出版社，1982年版，第91頁。

[18]林語堂，〈藝術與消遣〉，《林語堂作品精選》，廣西師範大學出版社，2000年版，第163-164頁。

[19]H. Gerth & C. W. Mills (eds.), *From Max Weber: Essays in Sociology*, New York: Oxford University Press, 1946, p.342.

[20]施太格繆勒，《當代哲學主流》，上卷，商務印書館，1986年版，第25頁。

[21]M. Dufrenne, et al., *Main Trends in Aesthetics and the Sciences of Art*, New York: Holmes & Meier, 1979, p.235.

[22]引自《青年作家網路文學》，2001年第1期。

關鍵詞

美學精神　日常生活　詩意的生存　生存智慧

國家圖書館出版品預行編目資料

美學是什麼 = What is aesthetics? / 周憲著
－－初版.－－臺北市：揚智文化，2002[民
91]
　　面：　公分.－－（人文社會科學叢書；3）
　　ISBN 957-818-435-2（平裝）

　　1.美學

180　　　　　　　　　　　　　91015034

美學是什麼

編 著 者／周憲

出 版 者／揚智文化事業股份有限公司

發 行 人／葉忠賢

總 編 輯／林新倫

登 記 證／局版北市業字第 1117 號

地　　　址／台北縣深坑鄉北深路 3 段 260 號 8 樓

電　　　話／(02)2664-7780

傳　　　真／(02)2664-7633

網　　　址／http://www.ycrc.com.tw

E-mail　／yangchih@ycrc.com.tw

印　　　刷／鼎易印刷事業股份有限公司

I S B N／957-818-435-2

初版一刷／2002 年 11 月

初版二刷／2007 年 9 月

定　　　價／新台幣 320 元

本書如有缺頁、破損、裝訂錯誤，請寄回更換。